Francisco J. Uriz

AMÉRICA LATINA CUENTA

GRUPO DIDASCALIA, S.A.
Plaza Ciudad de Salta, 3 - 28043 MADRID - (ESPAÑA)
TEL.: (34) 914.165.511 - FAX: (34) 914.165.411

1 © **ARGUEDAS**, José María, págs. 24-28 «*Relatos completos*» (Alianza)

2 © **ARREOLA**, Juan José, págs. 55-59 «*Confabulario y varia invención*» (Fondo de Cultura Económic

3 © **AUB**, Max y herederos de Max **AUB**, págs. 33-35 «*El zopilote y otros cuentos mexicanos*» (Edhasa

4 © **BENEDETTI**, Mario, págs. 49-51 «*Despistes y franquezas*» (Alfaguara)

5 © **BIOY CASARES**, Adolfo, págs. 68-70 «*Cuentos*» (Alianza)

6 © **BORGES** Jorge Luis, págs. 40-41 «*El oro de los tigres*» (Emecé Ediciones), págs. 71 y 90-92 «El alep (Emecé Ediciones), págs. 72-74 «*Crónicas de Bustos Domecq*» (Emecé Ediciones)

7 © **BRYCE ECHENIQUE**, Alfredo, págs. 60-67 «*Cuentos completos*» (Alianza)

8 © **CORTÁZAR**, Julio y herederos de Julio **CORTÁZAR**, págs. 42-44 «*Último round*» (Siglo XXI) págs. 81- «*Historias de cronopios y de famas*» (Alfaguara) págs. 93-94 «*El final del juego*» (Ed. Sudamericana

9 © **GALEANO**, Eduardo, págs. 47-48 «*El libro de los abrazos*» (Siglo XXI)

10 © **GARCÍA MÁRQUEZ**, Gabriel, págs. 36-39 «*Los funerales de la mamá grande*» (Mondadori)

11 © **GÓMEZ**, Albino, págs. 52-54 «*Primer patio*» (Ed. Corregidor)

12 © **MONTERROSO**, Augusto, pág. 7 «*La palabra mágica*» (Muchnik), págs. 8, 9-10, 11-12 «*La oveja neg y demás fábulas*» (Seix Barral), págs. 45-46 «*Cuentos*» (Alianza)

13 © **OCAMPO**, Silvina, págs. 84-86 «*Los días de la noche*» (Alianza)

14 © **PAZ**, Octavio, págs. 75-78 y 87-89 «*Libertad bajo palabra*» sección IV (Cátedra)

15 © **PIÑERA**, Virgilio, págs. 79-80 «*Cuentos*» (Alfaguara)

16 © **QUIROGA**, Horacio, págs. 13-17 «*El desierto*» (Losada), págs. 18-23 «*Cuentos de la selva*» (Anaya

17 © **VALLEJO**, César, págs. 29-32 «*Novelas y cuentos completos*» (Fco Moncloa Ed.)

Diseño de colección y cubierta TD GUACH
Fotocomposición GRAMMA
© Francisco J. Uriz • EDELSA GRUPO DIDASCALIA, S.A.

Primera edición: 1990
Segunda edición: 1997
Primera reimpresión: 1998
Segunda reimpresión: 1999

I.S.B.N.: 84-7711-190-1
Depósito legal: M-761-1999
Impresión: Rogar, S.A.
Encuadernación: Perellón, S.A.

La serie «Leer es fiesta» presenta textos literarios de grandes autores, accesibles a alumnos que estudien el bachillerato o su equivalente y a los que quieran profundizar sus conocimientos de español.

Con ella queremos introduciros en el mundo de la literatura por medio de textos, la mayoría de ellos íntegros, escritos no especialmente para vosotros sino para los nativos.

Intentamos daros, pensando en vuestro nivel de conocimientos, una idea de las posibilidades expresivas del *español de verdad*, tan alejado del idioma descafeinado que os dan los libros de principiantes, por otra parte, imprescindibles. Se basa en la convicción de que la literatura es un indispensable complemento a los libros de principiantes que se escriben soslayando dificultades. La literatura es la máxima cima que se puede alcanzar con un idioma —aquí evidentemente no estamos hablando del Everest sino tal vez de la colina del pueblo o, todo lo más, de la sierra de Gredos.

Por eso creemos que es muy importante que los leáis, aunque no los entendáis al cien por cien, buscando, además del idioma, las sensaciones que transmite la buena literatura. Y esperamos que ello os lleve a buscar más literatura y a profundizar en el conocimiento del castellano y en el placer de la lectura.

Este volumen, «América Latina cuenta», os presenta alguno de los más famosos representantes de la literatura latinoamericana.

Empezamos con una aproximación al mundo de la fábula, de la mano cómplice y divertida de Augusto Monterroso. Después, Horacio Quiroga nos lleva hasta la fábula clásica, con moraleja y todo.

Los textos que siguen son de estructura tradicional, de tipo folklórico, es decir, popular. Están elaborados por grandes escritores, como José María Arguedas —con un cuento recogido en quechua y traducido por él al castellano—, el gran poeta peruano César Vallejo, el español Max Aub, que vivió más de la mitad de su vida en México y, grande entre los grandes, Gabriel García Márquez.

Pasamos a cuentos que tratan o reflexionan sobre relaciones personales. Aquí nos acompañan entre otros Juan José Arreola, Alfredo Bryce Echenique y Adolfo Bioy Casares.

Y en la parte final no podemos sustraernos a la tentación del "realismo mágico". Con Jorge Luis Borges, Silvina Ocampo, Octavio Paz, Julio Cortázar, Virgilio Piñera, la narración se aleja suave y furtivamente de lo real cotidiano. Terminamos con un relato de Cortázar en que ficción y realidad se funden de manera inimitable. Tal vez ya éste el máximo grado de complicación y dificulta para un estudiante de español.

La literatura refleja la realidad y en estos cuentos vais a ver algunos ejemplo de la discriminación de los de abajo, pobres e indios, o de la violencia. Per no ha sido este el objetivo primario de este volumen. En el fondo buena part de los relatos podrían suceder en cualquier parte del mundo.

A los problemas de América Latina dedicamos el próximo volumen de la seri (ya en prensa) en el que os presentaremos la cara y cruz del continente co ayuda de textos literarios —relatos breves, poesia, ensayo, canción— artículo de periódico, dibujos, etc...

Una advertencia: el hecho de que se hable español en más de veinte países produce variantes en su utilización, lo que no impide la fácil comunicación ora o escrita.

En todo caso es sobre todo en el uso popular del lenguaje en el que má expresiones autóctonas se utilizan. El lenguaje literario es mucho más parej y hay cuentos en los que apenas hay americanismos.

La gradación de dificultades de los cuentos se puede ver en el sumario. Ha señalados tres niveles, con las limitaciones que presenta este tipo d clasificación —mucho menos exacta que la de la liga de fútbol.

El buen juicio del profesor y su conocimiento directo de la clase será el qu adecue los niveles y permita darle a cada alumno lo que pueda serle má interesante, individualizando de una manera sugerente la enseñanza de castellano y la literatura.

Espero que el interés por saber qué pasa os haga leer atentamente e vocabulario y las notas, pero también que dejéis correr vuestra imaginación saltando las dificultades lingüísticas para que gocéis de la lectura de los textos y que viváis la fiesta de leer. Y es que,... LEER ES FIESTA.

A Pilar Jiménez, mi editora, entre el anochecer y la esperanza, hada madrina de esta serie, que con la varita mágica de su trabajo y entusiasmo convierte en libro cualquier cosa, las más efusivas gracias por todo lo que ha hecho er la confección de este libro.

ÍNDICE

Augusto Monterroso nació en Guatemala en 1921 pero ha vivido desde 1944 exiliado en México. Maestro del relato corto y famoso por la brevedad y escasez de su obra.

CÓMO ACERCARSE A LAS FÁBULAS

Con precaución, como a cualquier cosa pequeña. Pero sin miedo.

Finalmente se descubrirá que ninguna fábula es dañina, excepto cuando alcanza a verse en ella alguna enseñanza. Esto es malo.

Si no fuera malo, el mundo se regiría por las fábulas de Esopo; pero en tal caso desaparecería todo lo que hace interesante el mundo, como los ricos, los prejuicios raciales, el color de la ropa interior y la guerra; y el mundo sería entonces muy aburrido, porque no habría heridos para las sillas de ruedas, ni pobres a quienes ayudar, ni negros para trabajar en los muelles, ni gente bonita para la revista Vogue.

Así, lo mejor es acercarse a las fábulas buscando de qué reír. [...].

En torno al texto

— Monterroso acusa a las fábulas morales de hacer aburrido el mundo. ¿Crees que tiene razón? ¿Estás de acuerdo también en que lo que hay que buscar sobre todo es la risa?

EL ZORRO ES MÁS SABIO

U n día que el Zorro estaba muy aburrido y hasta cierto punto melancólico y sin dinero, decidió convertirse en escritor, cosa a la cual se dedicó inmediatamente, pues odiaba ese tipo de personas que dicen voy a hacer esto o lo otro y nunca lo hacen.

Su primer libro resultó muy bueno, un éxito; todo el mundo lo aplaudió, y pronto fue traducido (a veces no muy bien) a los más diversos idiomas.

El segundo fue todavía mejor que el primero, y varios profesores norteamericanos de lo más granado del mundo académico de aquellos remotos días lo comentaron con entusiasmo y aun escribieron libros sobre los libros que hablaban de los libros del Zorro.

Desde ese momento el Zorro se dio con razón por satisfecho, y pasaron los años y no publicaba otra cosa.

Pero los demás empezaron a murmurar y a repetir «¿Qué pasa con el Zorro?», y cuando lo encontraban en los cócteles puntualmente se le acercaban a decirle tiene usted que publicar más. [...].

El Zorro no lo decía, pero pensaba: «En realidad lo que éstos quieren es que yo publique un libro malo; pero como soy el Zorro, no lo voy a hacer».

Y no lo hizo.

En torno al texto

— *Es muy corriente esta presión sobre los escritores para que no dejen de publicar. ¿Conoces algún caso en tu idioma? ¿Opinas que la suposición del zorro es acertada?*

EL CAMALEÓN QUE FINALMENTE NO SABÍA DE QUÉ COLOR PONERSE

En un país muy remoto, en plena Selva, se presentó hace muchos años un tiempo malo en que el Camaleón, a quien le había dado por la política, entró en un estado de total desconcierto, pues los otros animales, asesorados por la Zorra, se habían enterado de sus artimañas y empezaron a contrarrestarlas llevando día y noche en los bolsillos juegos de diversos vidrios de colores para combatir su ambigüedad e hipocresía, de manera que cuando él estaba morado y por cualquier circunstancia del momento necesitaba volverse, digamos, azul, sacaban rápidamente un cristal rojo a través del cual lo veían, y para ellos continuaba siendo el mismo Camaleón morado, aunque se condujera como Camaleón azul; y cuando estaba rojo y por motivaciones especiales se volvía anaranjado, usaban el cristal correspondiente y lo seguían viendo tal cual.

Esto sólo en cuanto a los colores primarios, pues el método se generalizó tanto que con el tiempo no había ya quien no llevara consigo un equipo completo de cristales para aquellos casos en que el mañoso se tornaba simplemente grisáceo, o verdeazul, o de cualquier color más o menos indefinido, para dar el cual eran necesarias tres, cuatro o cinco superposiciones de cristales.

Pero lo bueno fue que el Camaleón, considerando que todos eran de su condición, adoptó también el sistema.

Entonces era cosa de verlos a todos en las calles sacando y alternando cristales a medida que cambiaban de colores, según el clima político o las opiniones políticas prevalecientes ese día de la semana o a esa hora del día o de la noche.

Como es fácil comprender, esto se convirtió en una especie de peligrosa confusión de las lenguas; pero pronto los más listos se dieron cuenta de que aquello sería la ruina general si no se reglamentaba de alguna manera, a menos que todos estuvieran dispuestos a ser cegados y perdidos definitivamente por los dioses, y restablecieron el orden.

Además de lo estatuido por el Reglamento que se redactó con ese fin, el derecho consuetudinario fijó por su parte reglas de refinada urbanidad, según las cuales, si alguno carecía de un vidrio de determinado color urgente para disfrazarse o para descubrir el verdadero color de alguien, podía recurrir inclusive a sus propios enemigos para que se lo prestaran, de acuerdo con su necesidad del momento, como sucedía entre las naciones más civilizadas.

Sólo el león que por entonces era el Presidente de la Selva se reía de unos y otros, aunque a veces socarronamente jugaba también un poco lo suyo, por divertirse. [...].

En torno al texto

— *Adaptación al medio, al modo de un camaleón, o sinceridad absoluta. Sigue una de las dos opciones con los pros y contras que se te ocurran.*

EL MONO QUE QUISO SER ESCRITOR SATÍRICO

En la Selva vivía una vez un Mono que quiso ser escritor satírico.

Estudió mucho, pero pronto se dio cuenta de que para ser escritor satírico le faltaba conocer a la gente y se aplicó a visitar a todos y a ir a los cócteles y a observarlos por el rabo del ojo mientras estaban distraídos con la copa en la mano.

Como era de veras gracioso y sus ágiles piruetas entretenían a los otros animales, en cualquier parte era bien recibido y él perfeccionó el arte de ser mejor recibido aún.

No había quien no se encantara con su conversación y cuando llegaba era agasajado con júbilo tanto por las Monas como por los esposos de las Monas y por los demás habitantes de la Selva, ante los cuales, por contrarios que fueran a él en política internacional, nacional o doméstica, se mostraba invariablemente comprensivo; siempre, claro, con el ánimo de investigar a fondo la naturaleza humana y poder retratarla en sus sátiras.

Así llegó el momento en que entre los animales era el más experto conocedor de la naturaleza humana, sin que se le escapara nada.

Entonces, un día dijo voy a escribir en contra de los ladrones, y se fijó en la Urraca, y principió a hacerlo con entusiasmo y gozaba y se reía y se encaramaba de placer a los árboles por las cosas que se le ocurrían acerca de la Urraca; pero de repente reflexionó que entre los animales de sociedad que lo agasajaban había muchas Urracas y especialmente una, y que se iban a ver retratadas en su sátira, por suave que la escribiera, y desistió de hacerlo.

Después quiso escribir sobre los oportunistas, y puso el ojo en la Serpiente, quien por diferentes medios —auxiliares en realidad de su arte adulatorio— lograba siempre conservar, o sustituir, mejorándolos, sus cargos; pero varias Serpientes amigas suyas, y especialmente una, se sentirían aludidas, y desistió de hacerlo.

Después deseó satirizar a los laboriosos compulsivos y se detuvo en la Abeja, que trabajaba estúpidamente sin saber para qué ni para quién; pero por miedo de que sus amigos de este género, y especialmente uno, se ofendieran, terminó comparándola favorablemente con la Cigarra, que egoísta no hacía más que cantar y cantar dándoselas de poeta, y desistió de hacerlo.

Después se le ocurrió escribir contra la promiscuidad sexual y enfiló su sátira contra las Gallinas adúlteras que andaban todo el día inquietas en busca de Gallitos; pero tantas de éstas lo habían recibido que temió lastimarlas, y desistió de hacerlo.

Finalmente elaboró una lista completa de las debilidades y los defectos humanos y no encontró contra quién dirigir sus baterías, pues todos estaban en los amigos que compartían su mesa y en él mismo.

En ese momento renunció a ser escritor satírico y le empezó a dar por la Mística y el Amor y esas cosas; pero a raíz de eso, ya se sabe cómo es la gente, todos dijeron que se había vuelto loco [...].

En torno al texto

— *Hablar de los defectos, silenciar a las personas; ésta era ya la máxima de un escritor satírico romano de hace diecinueve siglos. ¿Lo consiguió el mono de esta fábula?*

Horacio Quiroga nació en 1897 en Uruguay y murió en 1937 en Buenos Aires (Argentina). Es uno de los maestros del cuento moderno latinoamericano.

EL POTRO SALVAJE

Era un caballo, un joven potro de corazón ardiente, que llegó del desierto a la ciudad, a vivir del espectáculo de su velocidad.

Ver correr a aquel animal era, en efecto, un espectáculo considerable. Corría con la crin al viento y el viento en sus dilatadas narices. Corría, se estiraba; se estiraba más aún, y el redoble de sus cascos en la tierra no se podía medir. Corría sin reglas ni medida, en cualquier dirección del desierto y a cualquier hora del día. No existían pistas para la libertad de su carrera, ni normas para el despliegue de su energía. Poseía extraordinaria velocidad y un ardiente deseo de correr. De modo que se daba todo entero en sus disparadas salvajes —y ésta era la fuerza de aquel caballo.

A ejemplo de los animales muy veloces, el joven potro tenía pocas aptitudes para el arrastre. Tiraba mal, sin coraje, ni bríos, ni gusto. Y como en el desierto apenas alcanzaba el pasto para sustentar a los caballos de pesado tiro, el veloz animal se dirigió a la ciudad a vivir de sus carreras.

En un principio, entregó gratis el espectáculo de su gran velocidad, pues nadie hubiera pagado una brizna de paja por verlo —ignorantes todos del corredor que había en él. En las bellas tardes, cuando las gentes poblaban los campos inmediatos a la ciudad —y sobre todo los domingos—, el joven potro trotaba a la vista de todos, arrancaba de golpe, deteníase, trotaba de nuevo husmeando el viento, para lanzarse por fin a toda velocidad, tendido en una carrera loca que parecía imposible superar y que superaba a cada instante, pues aquel joven potro, como hemos dicho, ponía en sus narices, en sus cascos y su carrera, todo su ardiente corazón.

Las gentes quedaron atónitas ante aquel espectáculo que se apartaba de todo lo que acostumbraban ver, y se retiraron sin apreciar la belleza de aquella carrera.

«No importa —se dijo el potro alegremente. Iré a ver a un empresario de espectáculos, y ganaré, entretanto, lo suficiente para vivir».

De qué había vivido hasta entonces en la ciudad, apenas él podía decirlo. De su propia hambre, seguramente, y de algún desperdicio desechado en el portón de los corralones. Fue, pues, a ver a un organizador de fiestas.

— Yo puedo correr ante el público —dijo el caballo— si me pagan por ello. No sé qué puedo ganar; pero mi modo de correr ha gustado a algunos hombres.

— Sin duda, sin duda... —le respondieron. Siempre hay algún interesado en estas cosas... No es cuestión, sin embargo, de que se haga ilusiones... Podríamos ofrecerle, con un poco de sacrificio de nuestra parte...

El potro bajó los ojos hacia la mano del hombre, y vio lo que le ofrecían: Era un montón de paja, un poco de pasto ardido y seco.

— No podemos más... Y asimismo...

El joven animal consideró el puñado de pasto con que se pagaban sus extraordinarias dotes de velocidad, y recordó las muecas de los hombres ante la libertad de su carrera, que cortaba en zig-zag las pistas trilladas.

«No importa —se dijo alegremente. Algún día se divertirán. Con este pasto ardido podré, entretanto, sostenerme».

Y aceptó contento, porque lo que él quería era correr.

Corrió, pues, ese domingo y los siguientes, por igual

puñado de pasto cada vez, y cada vez dándose con toda el alma en su carrera. Ni un solo momento pensó en reservarse, engañar, seguir las rectas decorativas para halago de los espectadores que no comprendían su libertad. Comenzaba al trote como siempre con las narices de fuego y la cola en arco; hacía resonar la tierra en sus arranques, para lanzarse por fin a escape a campo traviesa, en un verdadero torbellino de ansia, polvo y tronar de cascos. Y por premio, su puñado de pasto seco que comía contento y descansado después del baño.

A veces, sin embargo, mientras trituraba su joven dentadura los duros tallos, pensaba en las repletas bolsas de avena que veía en las vidrieras, en la gula de maíz y alfalfa olorosa que desbordaba de los pesebres.

«No importa —se decía alegremente—. Puedo darme por contento con este rico pasto».

Y continuaba corriendo con el vientre ceñido de hambre, como había corrido siempre.

Poco a poco, sin embargo, los paseantes de los domingos se acostumbraron a su libertad de carrera, y comenzaron a decirse unos a otros que aquel espectáculo de velocidad salvaje, sin reglas ni cercas, causaba una bella impresión.

— No corre por las sendas, como es costumbre —decían—, pero es muy veloz. Tal vez tiene ese arranque porque se siente más libre fuera de las pistas trilladas. Y se emplea a fondo.

En efecto, el joven potro, de apetito nunca saciado y que obtenía apenas de qué vivir con su ardiente velocidad, se empleaba siempre a fondo por un puñado de pasto, como si esa carrera fuera la que iba a consagrarlo definitivamente. Y tras el baño, comía contento de su ración —la ración basta y mínima del más oscuro de los anónimos caballos.

«No importa —se decía alegremente—. Ya llegará el día en que se diviertan».

El tiempo pasaba, entretanto. Las voces cambiadas entre los

espectadores cundieron por la ciudad, traspasaron sus puertas, y llegó por fin un día en que la admiración de los hombres se asentó confiada y ciega en aquel caballo de carrera. Los organizadores de espectáculos llegaron en tropel a contratarlo, y el potro, ya de edad madura, que había corrido toda su vida por un puñado de pasto, vio tendérsele en disputa apretadísimos fardos de alfalfa, macizas bolsas de avena y maíz —todo en cantidad incalculable—, por el solo espectáculo de una carrera.

Entonces el caballo tuvo por primera vez un pensamiento de amargura, al pensar en lo feliz que hubiera sido en su juventud si le hubieran ofrecido la milésima parte de lo que ahora le introducían gloriosamente en el gaznate.

«En aquel tiempo —se dijo melancólicamente— un solo puñado de alfalfa como estímulo, cuando mi corazón saltaba de deseos de correr, hubiera hecho de mí al más feliz de los seres. Ahora estoy cansado».

En efecto, estaba cansado. Su velocidad era, sin duda, la misma de siempre, y el mismo el espectáculo de su salvaje libertad. Pero no poseía ya el ansia de correr de otros tiempos. Aquel vibrante deseo de tenderse a fondo, que antes el joven potro entregaba alegre por un montón de paja, precisaba ahora toneladas de exquisito forraje para despertar. El triunfante caballo pesaba largamente las ofertas, calculaba, especulaba finamente con sus descansos. Y cuando los organizadores se entregaban por último a sus exigencias, recién entonces sentía deseos de correr. Corría entonces, como él solo era capaz de hacerlo; y regresaba a deleitarse ante la magnificencia del forraje ganado.

Cada vez, sin embargo, el caballo era más difícil de satisfacer, aunque los organizadores hicieran verdaderos sacrificios para excitar, adular, comprar aquel deseo de correr que moría bajo la presión del éxito. Y el potro comenzó entonces a temer por su prodigiosa velocidad, si la entregaba toda en cada carrera. Corrió entonces por primera vez en su vida, reservándose, aprovechándose cautamente del viento y las largas sendas regulares. Nadie lo notó —o por ello fue acaso más aclamado que nunca—, pues se creía ciegamente en su salvaje libertad para correr.

Libertad... No, ya no la tenía. La había perdido desde el primer instante en que reservó sus fuerzas para no flaquear en la carrera siguiente. No corrió más a campo traviesa, ni a fondo, ni contra el viento. Corrió sobre sus propios rastros más fáciles, sobre aquellos zig zag que más ovaciones habían arrancado. Y en el miedo siempre creciente de agotarse, llegó un momento en que el caballo de carrera aprendió a correr con estilo, engañando, escarceando cubierto de espumas por las sendas más trilladas. Y un clamor de gloria lo divinizó.

Pero dos hombres que contemplaban aquel lamentable espectáculo, cambiaron algunas tristes palabras.

— Yo lo he visto correr en su juventud —dijo el primero—; y si uno pudiera llorar por un animal, lo haría en recuerdo de lo que hizo este mismo caballo cuando no tenía qué comer.

— No es extraño que lo haya hecho antes —dijo el segundo. Juventud y Hambre son el más preciado don que puede conceder la vida a un fuerte corazón.

Joven potro: Tiéndete a fondo en tu carrera, aunque apenas se te dé para comer. Pues si llegas sin valor a la gloria, y adquieres estilo para trocarlo fraudulentamente por pingüe forraje, te salvará el haberte dado un día todo entero por un puñado de pasto.

En torno al texto

— En este cuento moral ¿cuál crees que es el papel que juegan, al final de la historia, el coloquio de los dos hombres y el consejo al potro?

LA TORTUGA GIGANTE

Había una vez un hombre que vivía en Buenos Aires, y estaba muy contento porque era un hombre sano y trabajador. Pero un día se enfermó, y los médicos le dijeron que solamente yéndose al campo podría curarse. Él no quería ir, porque tenía hermanos chicos a quienes daba de comer; y se enfermaba cada día más. Hasta que un amigo suyo, que era director del Zoológico, le dijo un día:

— Usted es amigo mío, y es un hombre bueno y trabajador. Por eso quiero que se vaya a vivir al monte, a hacer mucho ejercicio al aire libre para curarse. Y como usted tiene mucha puntería con la escopeta, cace bichos del monte para traerme los cueros, y yo le daré plata adelantada para que sus hermanitos puedan comer bien.

El hombre enfermo aceptó, y se fue a vivir al monte, lejos, más lejos que Misiones todavía. Hacía allá mucho calor, y eso le hacía bien.

Vivía solo en el bosque, y él mismo se cocinaba. Comía pájaros y bichos del monte, que cazaba con la escopeta, y después comía frutas. Dormía bajo los árboles, y cuando hacía mal tiempo construía en cinco minutos una ramada con hojas de palmera, y allí pasaba sentado y fumando, muy contento en medio del bosque que bramaba con el viento y la lluvia.

Había hecho un atado con los cueros de los animales, y lo llevaba al hombro. Había también agarrado, vivas, muchas víboras venenosas, y las llevaba dentro de un gran mate, porque allá hay mates tan grandes como una lata de querosene.

El hombre tenía otra vez buen color, estaba fuerte y tenía apetito. Precisamente un día en que tenía mucha hambre, porque hacía dos días que no cazaba nada, vio a la orilla de una gran laguna un tigre enorme que quería comer una tortuga, y la ponía parada de canto para meter dentro una pata y sacar la carne con las uñas. Al ver al hombre el tigre lanzó un rugido espantoso y se lanzó de un salto sobre él. Pero el cazador, que tenía una gran puntería, le apuntó entre los dos ojos, y le rompió la cabeza. Después le sacó el cuero, tan grande que él solo podría servir de alfombra para un cuarto.

— Ahora —se dijo el hombre— voy a comer tortuga, que es una carne muy rica.

Pero cuando se acercó a la tortuga, vio que estaba ya herida, y tenía la cabeza casi separada del cuello, y la cabeza colgaba casi de dos o tres hilos de carne.

A pesar del hambre que sentía, el hombre tuvo lástima de la pobre tortuga, y la llevó arrastrando con una soga hasta su ramada y la vendó la cabeza con tiras de género que sacó de su camisa, porque no tenía más que una sola camisa, y no tenía trapos. La había llevado arrastrando porque la tortuga era inmensa, tan alta como una silla, y pesaba como un hombre.

La tortuga quedó arrimada a un rincón, y allí pasó días y días sin moverse.

El hombre la curaba todos los días, y después le daba golpecitos con la mano sobre el lomo.

La tortuga sanó por fin. Pero entonces fue el hombre quien se enfermó. Tuvo fiebre y le dolía todo el cuerpo.

Después no pudo levantarse más. La fiebre aumentaba siempre, y la garganta le quemaba de tanta sed. El hombre comprendió que estaba gravemente enfermo, y habló en voz alta, aunque estaba solo, porque tenía mucha fiebre.

— Voy a morir —dijo el hombre. Estoy solo, ya no puedo levantarme más, y no tengo quién me dé agua, siquiera. Voy a morir aquí de hambre y de sed.

Y al poco rato la fiebre subió más aún, y perdió el conocimiento.

Pero la tortuga lo había oído, y entendió lo que el cazador decía.

Y ella pensó entonces:

— El hombre no me comió la otra vez, aunque tenía mucha hambre, y me curó. Yo lo voy a curar a él ahora.

Fue entonces a la laguna, buscó una cáscara de tortuga chiquita, y después de limpiarla bien con arena y ceniza la llenó de agua y le dio de beber al hombre, que estaba tendido sobre su manta y se moría de sed. Se puso a buscar en seguida raíces ricas y yuyitos tiernos, que le llevó al hombre para que comiera. El hombre comía sin darse cuenta de quién le daba la comida, porque tenía delirio con la fiebre y no conocía a nadie.

Todas las mañanas, la tortuga recorría el monte buscando raíces cada vez más ricas para darle al hombre, y sentía no poder subirse a los árboles para llevarle frutas.

El cazador comió así días y días sin saber quién le daba la comida, y un día recobró el conocimiento. Miró a todos lados, y vio que estaba solo, pues allí no había más que él y la tortuga, que era un animal. Y dijo otra vez en voz alta:

— Estoy solo en el bosque, la fiebre va a volver de nuevo, y voy a morir aquí, porque solamente en Buenos Aires hay remedios para curarme. Pero nunca podré ir, y voy a morir aquí.

Y como él lo había dicho, la fiebre volvió esa tarde, más fuerte que antes, y perdió de nuevo el conocimiento.

Pero también esta vez la tortuga lo había oído, y se dijo:

— Si queda aquí en el monte se va a morir, porque no hay remedios, y tengo que llevarlo a Buenos Aires.

Dicho esto, cortó enredaderas finas y fuertes, que son como piolas, acostó con mucho cuidado al hombre encima de su lomo, y lo sujetó bien con las enredaderas para que no se cayese. Hizo muchas pruebas para acomodar bien la escopeta, los cueros y el mate con víboras, y al fin consiguió lo que quería, sin molestar al cazador, y emprendió entonces el viaje.

La tortuga, cargada así, caminó, caminó y caminó de día y de noche. Atravesó montes, campos, cruzó a nado ríos de una legua de ancho, y atravesó pantanos en que quedaba casi enterrada, siempre con el hombre moribundo encima. Después de ocho o diez horas de caminar se detenía, deshacía los nudos y acostaba al hombre con mucho cuidado en un lugar donde hubiera pasto bien seco.

Iba entonces a buscar agua y raíces tiernas, y le daba al hombre enfermo. Ella comía también, aunque estaba tan cansada que prefería dormir.

A veces tenía que caminar al sol; y como era verano, el cazador tenía tanta fiebre que deliraba y se moría de sed. Gritaba: ¡agua!, ¡agua! a cada rato. Y cada vez la tortuga tenía que darle de beber.

Así anduvo días y días, semana tras semana. Cada vez estaban más cerca de Buenos Aires, pero también cada día la tortuga se iba debilitando, cada día tenía menos fuerza, aunque ella no se quejaba. A veces quedaba tendida, completamente sin fuerzas, y el hombre recobraba a medias el conocimiento. Y decía, en voz alta:

— Voy a morir, estoy cada vez más enfermo, y sólo en Buenos Aires me podría curar. Pero voy a morir aquí, solo en el monte.

El creía que estaba siempre en la ramada, porque no se daba cuenta de nada. La tortuga se levantaba entonces, y emprendía de nuevo el camino.

Pero llegó un día, un atardecer, en que la pobre tortuga no pudo más. Había llegado al límite de sus fuerzas, y no podía más. No había comido desde hacía una semana para llegar más pronto. No tenía más fuerza para nada.

Cuando cayó del todo la noche, vio una luz lejana en el horizonte, un resplandor que iluminaba el cielo, y no supo qué era. Se sentía cada vez más débil, y cerró entonces los ojos para morir junto con el cazador, pensando con tristeza que no había podido salvar al hombre que había sido bueno con ella.

Y, sin embargo, estaba ya en Buenos Aires, y ella no lo sabía. Aquella luz que veía en el cielo era el resplandor de la ciudad, e iba a morir cuando estaba ya al fin de su heroico viaje.

Pero un ratón de la ciudad —posiblemente el ratoncito Pérez— encontró a los dos viajeros moribundos.

— ¡Qué tortuga! —dijo el ratón. Nunca he visto una tortuga tan grande. ¿Y eso que llevas en el lomo, qué es? ¿Es leña?

— No —le respondió con tristeza la tortuga. Es un hombre.

— ¿Y dónde vas con ese hombre? —añadió curioso el ratón.

— Voy... voy... Quería ir a Buenos Aires —respondió la pobre tortuga en una voz tan baja que apenas se oía. Pero vamos a morir aquí porque nunca llegaré...

— ¡Ah, zonza, zonza! —dijo riendo el ratoncito. ¡Nunca vi una tortuga más zonza! ¡Si ya has llegado a Buenos Aires! Esa luz que ves allá es Buenos Aires.

Al oír esto, la tortuga se sintió con una fuerza inmensa porque aún tenía tiempo de salvar al cazador, y emprendió la marcha.

Y cuando era de madrugada todavía, el director del Jardín Zoológico vio llegar a una tortuga embarrada y sumamente flaca, que traía acostado en su lomo y atado con enredaderas, para que no se cayera, a un hombre que se estaba muriendo. El director reconoció a su amigo, y él mismo fue corriendo a buscar remedios, con los que el cazador se curó en seguida.

Cuando el cazador supo cómo lo había salvado la tortuga, cómo había hecho un viaje de trescientas leguas para que tomara remedios, no quiso separarse más de ella. Y como él no podía tenerla en su casa, que era muy chica, el director del Zoológico se comprometió a tenerla en el Jardín, y a cuidarla como si fuera su propia hija.

Y así pasó. La tortuga, feliz y contenta con el cariño que le tienen, pasea por todo el Jardín, y es la misma gran tortuga que vemos todos los días comiendo el pastito alrededor de las jaulas de los monos.

El cazador la va a ver todas las tardes y ella conoce desde lejos a su amigo, por los pasos. Pasan un par de horas juntos, y ella no quiere nunca que él se vaya sin que le dé una palmadita de cariño en el lomo.

En torno al texto

— *Si has leído, en esta misma colección, «España cuenta» compara el contenido de esta fábula y el del cuento «El pastor, la serpiente y la zorra».*

José María Arguedas nació en Andahuaylas (Perú) en 1911 y murió en Lima en 1969. Arguedas se crió entre los indios de los Andes y conocía muy bien el quechua. Fue antropólogo y uno de los novelistas que mejor ha retratado el mundo de los indios peruanos.

EL SUEÑO DEL PONGO

Un hombrecito se encaminó a la casa-hacienda de su patrón. Como era siervo iba a cumplir el turno de pongo, de sirviente en la gran residencia. Era pequeño, de cuerpo miserable, de ánimo débil, todo lamentable; sus ropas, viejas.

El gran señor, patrón de la hacienda, no pudo contener la risa cuando el hombrecito lo saludó en el corredor de la residencia.

— ¿Eres gente u otra cosa? —le preguntó delante de todos los hombres y mujeres que estaban de servicio.

Humillándose, el pongo no contestó. Atemorizado, con los ojos helados, se quedó de pie.

— ¡A ver! —dijo el patrón—, por lo menos sabrá lavar ollas, siquiera podrá manejar la escoba, con esas manos que parece que no son nada. ¡Llévate esta inmundicia! —ordenó al mandón de la hacienda.

Arrodillándose, el pongo le besó las manos al patrón y, todo agachado, siguió al mandón hasta la cocina.

* * *

El hombrecito tenía el cuerpo pequeño, sus fuerzas eran sin embargo como las de un hombre común. Todo cuanto le ordenaban hacer lo hacía bien. Pero había un poco de espanto en su rostro; algunos siervos se reían de verlo así, otros lo compadecían. «Huérfano de huérfanos; hijo del viento de la luna debe ser el frío de sus ojos, el corazón pura tristeza», había dicho la mestiza cocinera, viéndolo.

El hombrecito no hablaba con nadie; trabajaba callado; comía en silencio. Todo cuanto le ordenaban cumplía. «Sí, papacito; sí, mamacita», era cuanto solía decir.

Quizá a causa de tener una cierta expresión de espanto, y por su ropa tan haraposa y acaso, también, porque no quería hablar, el patrón sintió un especial desprecio por el hombrecito. Al anochecer, cuando los siervos se reunían para rezar el Ave María, en el corredor de la casa-hacienda, a esa hora, el patrón martirizaba siempre al pongo delante de toda la servidumbre; lo sacudía como a un trozo de pellejo.

Lo empujaba de la cabeza y lo obligaba a que se arrodillara, y así, cuando ya estaba hincado, le daba golpes suaves en la cara.

— Creo que eres perro. ¡Ladra! —le decía.

El hombrecito no podía ladrar.

— Ponte en cuatro patas —le ordenaba entonces.

El pongo obedecía, y daba unos pasos en cuatro pies.

— Trota de costado, como perro —seguía ordenándole el hacendado.

El hombrecito sabía correr imitando a los perros pequeños de la puna.

El patrón se reía de muy buena gana; la risa le sacudía el cuerpo.

— ¡Regresa! —le gritaba cuando el sirviente alcanzaba trotando el extremo del gran corredor.

El pongo volvía, corriendo de costadito. Llegaba fatigado.

Algunos de sus semejantes, siervos, rezaban mientras tanto, el Ave María, despacio rezaban, como viento interior en el corazón.

— ¡Alza las orejas ahora, vizcacha! ¡Vizcacha eres! —mandaba el señor al cansado hombrecito. Siéntate en dos patas; empalma las manos.

Como si en el vientre de su madre hubiera sufrido la influencia modelante de alguna vizcacha, el pongo imitaba exactamente la figura de uno de estos animalitos, cuando permanecen quietos, como orando sobre las rocas. Pero no podía alzar las orejas.

Golpeándolo con la bota, sin patearlo fuerte, el patrón derribaba al hombrecito sobre el piso de ladrillo del corredor.

— Recemos el Padrenuestro —decía luego el patrón a sus indios, que esperaban en fila.

El pongo se levantaba a pocos, y no podía rezar porque no estaba en el lugar que le correspondía ni ese lugar correspondía a nadie.

En el oscurecer los siervos bajaban del corredor al patio y se dirigían al caserío de la hacienda.

— ¡Vete, pancita! —solía ordenar, después, el patrón al pongo.

***

Y así, todos los días, el patrón hacía revolcarse a su nuevo pongo, delante de la servidumbre. Lo obligaba a reírse, a fingir llanto. Lo entregó a la mofa de sus iguales, los colonos.

Pero... una tarde, a la hora del Ave María, cuando el corredor estaba colmado de toda la gente de la hacienda, cuando el patrón empezó a mirar al pongo con sus densos ojos, ése, ese hombrecito, habló muy claramente. Su rostro seguía como un poco espantado.

— Gran señor, dame tu licencia; padrecito mío, quiero hablarte —dijo.

El patrón no oyó lo que oía.

— ¿Qué? ¿Tú eres quien ha hablado u otro? —preguntó.

— Tu licencia, padrecito, para hablarte. Es a ti a quien quiero hablarte —repitió el pongo.

— Habla... si puedes —contestó el hacendado.

— Padre mío, señor mío, corazón mío —empezó a hablar el hombrecito. Soñé anoche que habíamos muerto los dos juntos; juntos habíamos muerto.

— ¿Conmigo? ¿Tú? Cuenta todo, indio —le dijo el gran patrón.

— Como éramos hombres muertos, señor mío, aparecimos desnudos, los dos juntos; desnudos ante nuestro gran Padre San Francisco.

— ¿Y después? ¡Habla! —ordenó el patrón, entre enojado e inquieto por la curiosidad.

— Viéndonos muertos, desnudos, juntos, nuestro gran Padre San Francisco nos examinó con sus ojos que alcanzan y miden no sabemos hasta qué distancia. Y a ti y a mí nos examinaba, pesando, creo, el corazón de cada uno y lo que éramos y lo que somos. Como hombre rico y grande, tú enfrentabas esos ojos, padre mío.

— ¿Y tú?

— No puedo saber cómo estuve, gran señor. Yo no puedo saber lo que valgo.

— Bueno. Sigue contando.

— Entonces, después, nuestro Padre dijo con su boca: «De todos los ángeles, el más hermoso que venga. A ese incomparable que lo acompañe otro ángel pequeño, que sea también el más hermoso. Que el ángel pequeño traiga una copa de oro, y la copa de oro llena de miel de chancaca más transparente».

— ¿Y entonces? —preguntó el patrón.

Los indios siervos oían, oían al pongo con atención, sin cuenta pero temerosos.

— Dueño mío: apenas nuestro gran Padre San Francisco dio la orden, apareció un ángel, brillando, alto como el sol; vino hasta llegar delante de nuestro Padre, caminando despacio. Detrás del ángel mayor marchaba otro pequeño, bello, de luz suave como el resplandor de las flores. Traía en las manos una copa de oro.

— ¿Y entonces? —repitió el patrón.

— «Ángel mayor: cubre a este caballero con la miel que está en la copa de oro; que tus manos sean como plumas cuando pasen sobre el cuerpo del hombre», diciendo, ordenó nuestro gran Padre. Y así el ángel excelso, levantando la miel con sus manos, enlució tu cuerpecito, todo, desde la cabeza hasta las uñas de los pies. Y te erguiste, solo; en el resplandor del cielo la luz de tu cuerpo sobresalía, como si estuviera hecho de oro, transparente.

— Así tenía que ser —dijo el patrón, y luego preguntó:

— ¿Y a tí?

— Cuando tú brillabas en el cielo, nuestro gran Padre San Francisco volvió a ordenar: «Que de todos los ángeles del cielo venga el de menos valer, el más ordinario. Que ese ángel traiga en un tarro de gasolina excremento humano».

— ¿Y entonces?

— Un ángel que ya no valía, viejo, de patas escamosas, al que no le alcanzaban las fuerzas para mantener las alas en su sitio, llegó ante nuestro gran Padre; llegó bien cansado, con las alas chorreadas, trayendo en las manos un tarro grande. «Oye, viejo —ordenó nuestro gran Padre a ese pobre ángel—, embadurna el cuerpo de este hombrecito con el excremento que hay en esa lata que has traído; todo el cuerpo, de cualquier manera; cúbrelo como puedas. ¡Rápido!». Entonces, con sus manos nudosas, el ángel viejo, sacando el excremento de la lata, me cubrió, desigual, el cuerpo, así como se echa barro en la pared de una casa ordinaria, sin cuidado. Y aparecí avergonzado, en la luz del cielo, apestando...

— Asimismo tenía que ser —afirmó el patrón. ¡Continúa! ¿O todo concluye allí?

— No, padrecito mío, señor mío. Cuando nuevamente, aunque ya de otro modo, nos vimos juntos, los dos, ante nuestro gran Padre San Francisco, él volvió a mirarnos, también nuevamente, ya a ti ya a mí, largo rato. Con sus ojos que colmaban el cielo, no sé hasta qué honduras nos alcanzó, juntando la noche con el día, el olvido con la memoria. Y luego dijo: «Todo cuanto los ángeles debían hacer con ustedes ya está hecho. Ahora ¡lámense el uno al otro! Despacio, por mucho tiempo». El viejo ángel rejuveneció a esa misma hora; sus alas recuperaron su color negro, su gran fuerza. Nuestro Padre le encomendó vigilar que su voluntad se cumpliera.

En torno al texto

— *Al usar un sueño para manifestar la situación injusta en que vive, el pongo es muy ingenioso. Narra tú brevemente este sueño sin utilizar diálogo.*

César Vallejo nació en 1892 en Santiago de Chuco (Perú) y vivió desde 1923 en París donde murió en 1939. Es uno de los grandes poetas latinoamericanos y ha escrito también ensayos, cuentos y novelas.

LOS DOS SORAS

Vagando sin rumbo, Juncio y Analquer, de la tribu de los soras, arribaron a valles y altiplanos situados a la margen del Urubamba, donde aparecen las primeras poblaciones civilizadas del Perú.

En Piquillacta, aldea marginal del gran río, los dos jóvenes salvajes permanecieron toda una tarde. Se sentaron en las tapias de una rúa, a ver pasar a las gentes que iban y venían de la aldea. Después, se lanzaron a caminar por las calles, al azar. Sentían un bienestar inefable, en presencia de las cosas nuevas y desconocidas que se les revelaban: las casas blanqueadas, con sus enrejadas ventanas y sus tejados rojos; la charla de dos mujeres, que movían las manos alegando o escarbaban en el suelo con la punta del pie, completamente absorbidas; un viejecito encorvado, calentándose al sol, sentado en el quicio de una puerta, junto a un gran perrazo blanco, que abría la boca, tratando de cazar moscas... Los dos seres palpitaban de jubilosa curiosidad, como fascinados por el espectáculo de la vida de pueblo, que nunca habían visto. Singularmente Juncio experimentaba un deleite indecible. Analquer estaba mucho más sorprendido. A medida que penetraban al corazón de la aldea, empezó a azorarse, presa de un pasmo que le aplastaba por entero. Las numerosas calles, entrecruzadas en varias direcciones, le hacían perder la cabeza. No sabía caminar este Analquer. Iba por en medio de la calzada y sesgueaba al acaso, por todo el ancho de la calle, chocando con las paredes y aún con los transeúntes.

— ¿Qué cosa? —exclamaban las gentes. Qué indios tan estúpidos. Parecen unos animales.

Analquer no les hacia caso. No se daba cuenta de nada. Estaba completamente fuera de sí. Al llegar a una esquina, seguía de frente siempre, sin detenerse a escoger la dirección más conveniente. A menudo, se paraba ante una puerta abierta, a mirar una tienda de comercio o lo que pasaba en el patio de una casa. Juncio lo llamaba y lo sacudía por el brazo, haciéndole volver de su confusión y aturdimiento. Las gentes, llamadas a sorpresa, se reunían en grupo a verlos:

— ¿Quiénes son?

— Son salvajes del Amazonas.

— Son dos criminales, escapados de una cárcel.

— Son curanderos del mal del sueño.

— Son dos brujos.

— Son descendientes de los Incas.

Los niños empezaron a seguirles.

— Mamá, —referían los pequeños con asombro— tienen unos brazos muy fuertes y están siempre alegres y riéndose.

Al cruzar por la plaza, Juncio y Analquer penetraron a la Iglesia, donde tenían lugar unos oficios religiosos. El templo aparecía profusamente iluminado y gran número de fieles llenaba la nave. Los soras y los niños que les seguían, avanzaron descubiertos, por el lado de la pila de agua bendita, deteniéndose junto a una hornacina de yeso.

Tratábase de un servicio de difuntos. El altar mayor se hallaba cubierto de paños y crespones salpicados de letreros, cruces y dolorosas alegorías en plata. En el centro de la nave aparecía el sacerdote, revestido de casulla de plata y negro, mostrando una gran cabeza calva, cubierta en su vigésima parte por el solideo. Lo rodeaban varios acólitos, ante un improvisado altar, donde leía con mística unción los responsos, en un facistol de hojalata. Desde un coro invisible, le respondía un maestro cantor, con voz de bajo profundo, monótona y llorosa.

Apenas sonó el canto sagrado, poblando de confusas resonancias el templo, Juncio se echó a reír, poseído de un júbilo irresistible. Los niños, que no apartaban un instante los ojos de los soras, pusieron una cara de asombro. Una aversión repentina sintieron por ellos, aunque Analquer, en verdad, no se había reído y, antes bien, se mostraba estupefacto ante aquel espectáculo que, en su alma de salvaje, tocaba los límites de lo maravilloso. Más Juncio seguía riendo. El canto sagrado, las luces en los altares, el recogimiento profundo de los fieles, la claridad del sol penetrando por los ventanales a dejar chispas, halos y colores en los vidrios y en el metal de las molduras y de las efigies, todo había cobrado ante sus sentidos una gracia adorable, un encanto tan fresco y hechizador, que le colmaba de bienestar, elevándolo y haciéndolo ligero, ingrávido y alado, sacudiéndole, haciéndole cosquillas y despertando una vibración incontenible en sus nervios. Los niños, contagiados, por fin, de la alegría candorosa y radiante de Juncio, acabaron también por reír, sin saber por qué.

Vino el sacristán y, persiguiéndoles con un carrizo, los arrojó del templo. Un individuo del pueblo, indignado por las risas de los niños y los soras, se acercó enfurecido.

— Imbéciles. ¿De qué se ríen? Blasfemos. Oye, —le dijo a uno de los pequeños— ¿de qué te ríes, animal?

El niño no supo qué responder. El hombre le cogió por un brazo y se lo oprimió brutalmente, rechinando los dientes de rabia, hasta hacerle crujir los huesos.

A la puerta de la iglesia se formó un tumulto popular contra Juncio y Analquer.

— Se han reído —exclamaba iracundo el pueblo—. Se han reído en el templo. Eso es insoportable. Una blasfemia sin nombre...

Y entonces vino un gendarme y se llevó a la cárcel a los soras.

En torno al texto

— *La naturalidad de los seres inocentes —los niños y los soras— expresada en risas, frente a las formas severas del resto de la población. Defiende una u otra reacción.*

Max Aub nació en 1902 en París de padre alemán y madre francesa pero vivió en España desde los once años. Novelista y autor dramático. Es uno de los llamados novelistas del exilio que abandonó España al final de la guerra civil y vivió el resto de su vida en México. Max Aub ha escrito mucho y entre sus obras destaca la gran serie de novelas sobre la guerra civil española titulada «El laberinto mágico». Murió en 1974.

LOS AVORAZADOS

Genovevo Fernández Luque era cobrador de Industrias Generales, S. A. desde hacía quince años. [...].

Se casó, enviudó, cobrando facturas. Le gustaba su oficio; las calles y tanto andar. Tenía cierta libertad y buen sueldo. Un día, en la oficina, cuando hablaba con el cajero principal, se desmayó. Le llevaron a un sanatorio, le tuvieron allí, a la fuerza, tres días. La verdad, que le atendieron bastante mal. Añádese que las monjas no eran gentes de su gusto. [...].

Al volver a la oficina, al día siguiente, lo llamó el gerente para ofrecerle un puesto subalterno en la caja. El informe del médico, aun haciendo constar lo leve de la lesión cardíaca, admitía la posibilidad de nuevos ataques, con pérdida de conocimiento, y la casa no quería correr el riesgo de que su cobrador cayera en la calle con la bolsa repleta. Genovevo tomó aquello como un insulto personal, pero tuvo buen cuidado de no dejar traslucir su resentimiento. Mientras buscaban una persona de confianza que lo sustituyera, siguió efectuando los cobros de la negociación.

A los dos días se reunió con tres amigos en «El Amor de Pancho», cantina que frecuentaba muy de tarde en tarde. El Chacho, Damián Ruiz y Rubén Gordillo, el Pelón, eran conocidos suyos, con los que algún sábado solía tomar unas copas, y comer unos tacos en casa de Beatricita antes de ir al cine, insana diversión que era todo su lujo. Les propuso que lo asaltaran el día que les indicara. El asunto no ofrecía ningún peligro: él daría datos equivocados acerca del número y catadura de los bandidos. Se repartirían el dinero equitativamente: la mitad para él, la mitad para ellos. Quedaron de acuerdo.

El día señalado, un sábado, se encontraron en una calle desierta, a espaldas de una fábrica donde había cobrado ochenta mil pesos. Lo malo, les dijo, que se los habían pagado en billetes de diez mil, y nuevos, de los que seguramente tenían la numeración. Sin embargo, no había opción: seguramente la semana venidera reemplazarían a Genovevo. Lo mejor sería esconder el dinero algún tiempo, y luego, dentro de unos meses, irlos cambiando, tal vez en el extranjero. Al fin y al cabo un viaje a San Antonio no costaba tanto.

Amordazaron a Genovevo, según lo convenido, y le ataron las manos, después que les hubo entregado la cartera. Lo tumbaron con cuidado en el suelo y una vez allí, el Pelón le hundió un cuchillo en el pecho.

— Por avorazado —dijo.

Y se fueron, tan tranquilos. Genovevo murió en seguida y no tuvo tiempo de quejarse de la patente ingratitud.

Los tres amigos decidieron seguir el consejo del difunto: fueron al Desierto de los Leones, se internaron en el monte, y, mientras Damián echaba agua, por si acaso se acercaba alguien, los otros dos cavaron un hoyo de regulares dimensiones. No habían comido nada desde la noche anterior, un tanto emocionados por la aventura. Les entró hambre y sed. El propio Damián les propuso descansar un rato mientras él se acercaba a los puestos por unas gorditas y cervezas. Sentados, tomando el fresco, entre los altos pinos nadie podía sospechar de ellos. El Chacho y el Pelón mostraron su conformidad y se pusieron a platicar fumando unos cigarrillos. Mientras Damián iba cuesta abajo, resolvieron que lo mejor para hacer cuentas redondas sería meter a Damián en el hoyo y repartirse los billetes «fifty-fifty». Volvió el amigo con sus tortillas y cervezas «bien frías»: él ya se había tomado lo suyo allá abajo. Mientras comían le dijeron que siguiera cavando, ellos estarían ojo avizor. Muy quitado de la pena empezó a hacerlo el bueno de Damián. Así, de espaldas, no le costó ningún trabajo a Chacho meterle el fierro entre costilla y costilla. Cayó en el agujero, mirándoles con extrañeza, pero aún tuvo fuerzas para musitarles que no les iba a servir, que él había envenenado las cervezas, que iban a morir como perros.

— A mí no me madruga nadie.

Los billetes se pudrieron. Ellos, no; que hay manadas de perros por aquellos alrededores.

En torno al texto

— *Esta historia nos cuenta varias traiciones encadenadas. ¿Te parece alguna de ellas más injustificable o, al contrario, menos grave? ¿Por qué?*

Gabriel García Márquez nació en Aracataca (Colombia) en 1928. Empezó su carrera como periodista y hoy es tal vez el novelista más famoso de América Latina. Autor de «Cien años de soledad», la novela más leída de la literatura latinoamericana. En 1982 le fue concedido el Premio Nobel de Literatura.

UN DÍA DE ESTOS

El lunes amaneció tibio y sin lluvia. Don Aurelio Escovar, dentista sin título y buen madrugador, abrió su gabinete a las seis. Sacó de la vidriera una dentadura postiza montada aún en el molde de yeso y puso sobre la mesa un puñado de instrumentos que ordenó de mayor a menor, como en una exposición. Llevaba una camisa a rayas, sin cuello, cerrada arriba con un botón dorado, y los pantalones sostenidos con cargadores elásticos. Era rígido, enjuto, con una mirada que raras veces correspondía a la situación, como la mirada de los sordos.

Cuando tuvo las cosas dispuestas sobre la mesa, rodó la fresa hacia el sillón de resortes y se sentó a pulir la dentadura postiza. Parecía no pensar en lo que hacía, pero trabajaba con obstinación, pedaleando en la fresa incluso cuando no se servía de ella.

Después de las ocho hizo una pausa para mirar el cielo por la ventana y vio dos gallinazos pensativos que se secaban al sol en el caballete de la casa vecina. Siguió trabajando con la idea de que antes del almuerzo volvería a llover. La voz destemplada de su hijo de once años lo sacó de su abstracción.

— Papá.

— Qué.

— Dice el alcalde que si le sacas una muela.

— Dile que no estoy aquí.

Estaba puliendo un diente de oro. Lo retiró a la distancia del brazo y lo examinó con los ojos a medio cerrar. En la salita de espera volvió a gritar su hijo.

— Dice que sí estás porque te está oyendo.

El dentista siguió examinando el diente. Sólo cuando lo puso en la mesa con los trabajos terminados, dijo:

— Mejor.

Volvió a operar la fresa. De una cajita de cartón donde guardaba las cosas por hacer, sacó un puente de varias piezas y empezó a pulir el oro.

— Papá.

— Qué.

Aún no había cambiado de expresión.

— Dice que si no le sacas la muela te pega un tiro.

Sin apresurarse, con un movimiento extremadamente tranquilo, dejó de pedalear en la fresa, la retiró del sillón y abrió por completo la gaveta inferior de la mesa. Allí estaba el revólver.

— Bueno —dijo—. Dile que venga a pegármelo.

Hizo girar el sillón hasta quedar de frente a la puerta, la mano apoyada en el borde de la gaveta. El alcalde apareció en el umbral. Se había afeitado la mejilla izquierda, pero en la otra, hinchada y dolorida, tenía una barba de cinco días. El dentista vio en sus ojos marchitos muchas noches de desesperación. Cerró la gaveta con la punta de los dedos y dijo suavemente:

— Siéntese. [...].

Mientras hervían los instrumentos, el alcalde apoyó el cráneo en el cabezal de la silla y se sintió mejor. Respiraba un olor glacial. Era un gabinete pobre: una vieja silla de madera, la fresa de pedal y una vidriera con pomos de loza. Frente a la silla, una ventana con un cancel de tela hasta la altura de un hombre. Cuando sintió que el dentista se acercaba, el alcalde afirmó los talones y abrió la boca.

Don Aurelio Escovar le movió la cara hacia la luz. Después

de observar la muela dañada, ajustó la mandíbula con una cautelosa presión de los dedos.

— Tiene que ser sin anestesia —dijo.

— ¿Por qué?

— Porque tiene un absceso.

El alcalde lo miró a los ojos.

— Está bien —dijo, y trató de sonreír. El dentista no le correspondió. Llevó a la mesa de trabajo la cacerola con los instrumentos hervidos y los sacó del agua con unas pinzas frías, todavía sin apresurarse. Después rodó la escupidera con la punta del zapato y fue a lavarse las manos en el aguamanil. Hizo todo sin mirar al alcalde. Pero el alcalde no le perdió de vista.

Era una cordal inferior. El dentista abrió las piernas y apretó la muela con el gatillo caliente. El alcalde se aferró a las barras de la silla, descargó toda su fuerza en los pies y sintió un vacío helado en los riñones, pero no soltó un suspiro. El dentista sólo movió la muñeca. Sin rencor, más bien con una amarga ternura, dijo:

— Aquí nos paga veinte muertos, teniente.

El alcalde sintió un crujido de huesos en la mandíbula y sus ojos se llenaron de lágrimas. Pero no suspiró hasta que no sintió salir la muela. Entonces la vio a través de las lágrimas. Le pareció tan extraña a su dolor, que no pudo entender la tortura de sus cinco noches anteriores. Inclinado sobre la escupidera, sudoroso, jadeante, se desabotonó la guerrera y buscó a tientas el pañuelo en el bolsillo del pantalón. El dentista le dio un trapo limpio.

— Séquese las lágrimas —dijo.

El alcalde lo hizo. Estaba temblando. Mientras el dentista se lavaba las manos, vio el cielo raso desfondado y una telaraña polvorienta con huevos de araña e insectos muertos. El dentista regresó secándose las manos. «Acuéstese —dijo— y haga buches de agua de sal». El alcalde se puso de pie, se despidió con un displicente saludo militar, y se dirigió a la puerta estirando las piernas, sin abotonarse la guerrera.

— Me pasa la cuenta —dijo.

— ¿A usted o al municipio?

El alcalde no lo miró. Cerró la puerta, y dijo, a través de la red metálica:

— Es la misma vaina.

En torno al texto

— El cuento, breve, tiene sin embargo marcados varios momentos descriptivos del lugar, del carácter y reacciones sucesivas de los personajes. Haz tu división del relato buscando esos momentos.

Jorge Luis Borges nació en Buenos Aires en 1899 y murió en 1986 en Ginebra (Suiza). Borges es una de las grandes figuras de la literatura contemporánea y es el maestro de todos los prosistas latinoamericanos. Ha escrito sobre todo relatos breves y es también un gran poeta. Recibió poco antes de morir el Premio Cervantes.

EL ESTUPOR

Un vecino de Morón me refirió el caso:

«Nadie sabe muy bien por qué se enemistaron Moritán y el Pardo Rivarola y de un modo tan enconado. Los dos eran del partido conservador y creo que trabaron relación en el comité. No lo recuerdo a Moritán porque yo era muy chico cuando su muerte. [...]. El Pardo lo sobrevivió muchos años. No era caudillo ni cosa que se le parezca, pero tenía la pinta. Era más bien bajo y pesado y muy rumboso en el vestir. Ninguno de los dos era flojo, pero el más reflexivo era Rivarola, como luego se vio. Desde hace tiempo se la tenía jurada a Moritán, pero quiso obrar con prudencia. Le doy la razón; si uno mata a alguien y tiene que penar en la cárcel, procede como un zonzo. El Pardo tramó bien lo que haría.

Serían las siete de la tarde, un domingo. La plaza rebosaba de gente. Como siempre, ahí estaba Rivarola caminando despacio, con su clavel en el ojal y su ropa negra. Iba con su sobrina. De golpe la apartó, se sentó de cuclillas en el suelo y se puso a aletear y a cacarear como si fuera un gallo. La gente le abrió cancha, asustada. [...]. A la media cuadra dobló y, siempre cacareando y aleteando, se metió en la casa de Moritán. Empujó la puerta cancel y de un brinco estuvo en el patio. La turba se agolpaba en la calle. Moritán, que oyó la alharaca, se vino desde el fondo.

Al ver ese monstruoso enemigo, que se le abalanzaba, quiso ganar las piezas, pero un balazo lo alcanzó y después otro. A Rivarola se lo llevaron entre dos vigilantes. El hombre forcejeó, cacareando.

Al mes estaba en libertad. El médico forense declaró que había sido víctima de un brusco ataque de locura. ¿Acaso el pueblo entero no lo había visto, conduciéndose como un gallo?»

En torno al texto

— *La mente de Rivarola planeó curiosamente la muerte de su rival, ¿o crees que la supuesta locura fue verdadera? Busca en el texto datos para apoyar tu opinión.*

Julio Cortázar nació en Bruselas, de padres argentinos, en 1917 pero vivió en Buenos Aires toda su juventud hasta que se trasladó a principios de 1950 a París, donde murió en 1985. Autor de "Rayuela", una de las novelas más importantes de la literatura latinoamericana. Pero Cortázar es famoso, sobre todo, por sus cuentos y sus textos breves.

LAS BUENAS INVERSIONES

Gómez es un hombre modesto y borroso, que sólo le pide a la vida un pedacito bajo el sol, el diario con noticias exaltantes y un choclo hervido con poca sal pero eso sí con bastante manteca. A nadie le puede extrañar entonces que apenas haya reunido la edad y el dinero suficientes, este sujeto se traslade al campo, busque una región de colinas agradables y pueblecitos inocentes, y se compre un metro cuadrado de tierra para estar lo que se dice en su casa.

Esto del metro cuadrado puede parecer raro y lo sería en circunstancias ordinarias, es decir sin Gómez y sin Literio. Como a Gómez no le interesa más que un pedacito de tierra donde instalar su reposera verde y sentarse a leer el diario y a hervir su choclo con ayuda de un calentador primus, sería difícil que alguien le vendiera un metro cuadrado porque en realidad nadie tiene un metro cuadrado sino muchísimos metros cuadrados, y vender un metro cuadrado en mitad o al extremo de los otros metros cuadrados plantea problemas de catastro, de convivencia, de impuestos y además es ridículo y no se hace, qué tanto. Y cuando Gómez, llevando la reposera con el primus y los choclos empieza a desanimarse después de haber recorrido gran parte de los valles y las colinas, se descubre que Literio tiene entre dos terrenos un rincón que mide justamente un metro cuadrado y que por hallarse sito entre dos solares comprados en épocas diferentes posee una especie de personalidad propia aunque en apariencia no sea más que un montón de pastos con un cardo apuntando hacia el norte. El notario y Literio se mueren de risa durante la firma de la escritura, pero dos días después Gómez ya está instalado en su terreno en el que pasa todo el día leyendo y comiendo, hasta que al atardecer regresa al hotel del pueblo donde tiene alquilada una buena habitación porque Gómez será loco pero nada idiota y eso hasta Literio y el notario están prontos a reconocerlo.

Con lo cual el verano en los valles va pasando agradablemente, aunque de cuando en cuando hay turistas que han oído hablar del asunto y se asoman para mirar a Gómez leyendo en su reposera. Una noche un turista venezolano se anima a preguntarle a Gómez por qué ha comprado solamente un metro cuadrado de tierra y para qué puede servir esa tierra aparte de poner la reposera, y tanto el turista venezolano como los otros estupefactos contertulios escuchan esta respuesta: «Usted parece ignorar que la propiedad de un terreno se extiende desde la superficie hasta el centro de la tierra. Calcule, entonces». Nadie calcula, pero todos tienen como la visión de un pozo cuadrado [...].

Por eso cuando los ingenieros llegan tres semanas después, todo el mundo se da cuenta de que el venezolano no se ha tragado la píldora y ha sospechado el secreto de Gómez, o sea que en esa zona debe haber petróleo. Literio es el primero en permitir que le arruinen sus campos de alfalfa y girasol con insensatas perforaciones que llenan la atmósfera de malsanos humos; los demás propietarios perforan noche y día en todas partes, y hasta se da el caso de una pobre señora que entre grandes lágrimas tiene que correr la cama de tres generaciones de honestos labriegos porque los ingenieros han localizado una zona neurálgica en el mismo medio del dormitorio. Gómez observa de lejos las operaciones sin preocuparse gran cosa, aunque el ruido de las máquinas lo distrae de las noticias del diario; por supuesto nadie le ha dicho nada sobre su terreno, y él no es hombre curioso y sólo contesta cuando le hablan. Por eso contesta que no cuando el emisario del consorcio petrolero venezolano se confiesa vencido y va a verlo para que le venda el metro cuadrado. El emisario tiene órdenes de comprar a cualquier precio y empieza a mencionar cifras que suben a razón de cinco mil dólares por minuto, con lo cual al cabo de tres horas Gómez pliega la reposera, guarda el primus y el choclo en la valijita, y firma un papel que lo convierte en el hombre más rico del país siempre y cuando se encuentre petróleo en su terreno, cosa que ocurre exactamente una semana más tarde bajo la forma de un chorro que deja empapada a la familia de Literio y a todas las gallinas de la zona.

Gómez, que está muy sorprendido, se vuelve a la ciudad donde empezó su existencia y se compra un departamento en el piso más alto de un rascacielos, pues ahí hay una terraza a pleno sol para leer el diario y hervir el choclo sin que vengan a distraerlo venezolanos aviesos y gallinas teñidas de negro que corren de un lado a otro con la indignación que siempre manifiestan estos animales cuando se los rocía con petróleo bruto.

En torno al texto

— *¿Suele ser la suerte buena aliada de las ambiciones modestas o más bien crees, como se dice proverbialmente, que la fortuna ayuda a los audaces? En todo caso, no olvides lo que le pasó a Gómez e inclúyelo en tu argumentación.*

LA CENA

Tuve un sueño. Estábamos en París participando en el Congreso Mundial de Escritores. Después de la última sesión, el 5 de junio, Alfredo Bryce Echenique nos había invitado a cenar en su departamento de 8 bis, 2.º piso izquierda, rue Amyot, a Julio Ramón Ribeyro, Miguel Rojas-Mix, Franz Kafka, Bárbara Jacobs y yo. Como en cualquier gran ciudad, en París hay calles difíciles de encontrar; pero la rue Amyot es fácil si uno baja en la estación Monge del Metro y después, como puede, pregunta por la rue Amyot.

A las diez de la noche, todavía con sol, nos encontrábamos ya todos reunidos, menos Franz, quien había dicho que antes de llegar pasaría a recoger una tortuga que deseaba obsequiarme [...].

Como a las once y cuarto telefoneó para decir que se hallaba en la estación Saint Germain de Prés y preguntó si Monge era hacia Fort d'Aubervilliers o hacia Mairie d'Ivry. Añadió que pensándolo bien hubiera sido mejor usar un taxi. A las doce llamó nuevamente para informar que ya había salido de Monge, pero que antes tomó la salida equivocada y que había tenido que subir 93 escalones para encontrarse al final con que las puertas de hierro plegadizas que dan a la calle Navarre estaban cerradas desde las ocho treinta, pero que había desandado el camino para salir por la escalera eléctrica y que ya venía con la tortuga, a la que estaba dando agua en un café, a tres cuadras de nosotros. [...].

A la una llamó para pedir que lo disculpáramos, que había estado tocando en el número 8 y que nadie había abierto, que el teléfono del que hablaba estaba a una cuadra y que ya se había dado cuenta de que el número de la casa no era el 8 sino el 8 bis.

A las dos sonó el timbre de la puerta. El vecino de Bryce, que vive en el mismo 2.º piso, derecha, no izquierda, dijo en bata y con cierta alarma que hacía unos minutos un señor había tocado insistentemente en su departamento; que cuando por fin le abrió, ese señor, apenado sin duda por su equivocación y por haberlo hecho levantar, inventó que en la calle tenía una tortuga; que había dicho que iba por ella, y que si lo conocíamos.

En torno al texto

— *Escribe una historia semejante en la que una serie de casualidades y despistes retrasen o impidan una cita.*

CELEBRACIÓN DE LA AMISTAD

Juan Gelman me contó que una señora se había batido a paraguazos, en una avenida de París, contra toda una brigada de obreros municipales. Los obreros estaban cazando palomas cuando ella emergió de un increíble Ford a bigotes, un coche de museo, de aquellos que arrancaban a manivela; y blandiendo su paraguas, se lanzó al ataque.

A mandobles se abrió paso, y su paraguas justiciero rompió las redes donde las palomas habían sido atrapadas. Entonces, mientras las palomas huían en blanco alboroto, la señora la emprendió a paraguazos contra los obreros.

Los obreros no atinaron más que a protegerse, como pudieron, con los brazos, y balbuceaban protestas que ella no oía: más respeto, señora, haga el favor, estamos trabajando, son órdenes superiores, señora, por qué no le pega al alcalde, cálmese, señora, qué bicho la picó, se ha vuelto loca esta mujer...

Cuando a la indignada señora se le cansó el brazo, y se apoyó en una pared para tomar aliento, los obreros exigieron una explicación.

Después de un largo silencio, ella dijo:

— Mi hijo murió.

Los obreros dijeron que lo lamentaban mucho, pero que ellos no tenían la culpa. También dijeron que esa mañana había mucho que hacer, usted comprenda...

— Mi hijo murió —repitió ella.

Y los obreros: que sí, que sí, pero que ellos se estaban ganando el pan, que hay millones de palomas sueltas por todo París, que las jodidas palomas son la ruina de esta ciudad...

— Cretinos —los fulminó la señora.

Y lejos de los obreros, lejos de todo, dijo:

— Mi hijo murió y se convirtió en paloma.

Los obreros callaron y estuvieron un largo rato pensando. Y por fin, señalando a las palomas que andaban por los cielos y los tejados y las aceras, propusieron:

— Señora: ¿por qué no se lleva a su hijo y nos deja trabajar en paz?

Ella se enderezó el sombrero negro:

— ¡Ah, no! ¡Eso sí que no!

Miró a través de los obreros, como si fueran de vidrio, y muy serenamente dijo:

— Yo no sé cuál de las palomas es mi hijo. Y si supiera, tampoco me lo llevaría. Porque, ¿qué derecho tengo yo a separarlo de sus amigos?

En torno al texto

— *¿Cuáles pudieron ser los pensamientos de los obreros antes de su propuesta a la señora?*

Mario Benedetti nació en Uruguay en 1920. Escribe poemas, canciones, teatro, novela, crítica literaria. Vivió exiliado por motivos políticos, primero en Cuba y luego en España.

HAY TANTOS PREJUICIOS

Por lo menos habían transcurrido quince años sin que Ignacio supiera nada de Martín o de Alfonso. Nada, de modo directo, claro, ya que indirectamente le habían llegado esporádicas referencias. Así que encontrarlos en el aeropuerto de Carrasco (ellos llegaban de Santiago de Chile; él partía hacia Porto Alegre) fue todo un acontecimiento. Apenas tuvieron diez minutos para reconocerse (a duras penas, debido a la actual barba espesa de Ignacio, la vertiginosa calvicie de Martín, el respetable abdomen de Alfonso), abrazarse, ponerse sumariamente al día (Martín estaba casado por segunda vez, Alfonso había enviudado, Ignacio se mantenía incólume en su soltería), dejar expresa constancia de la triple voluntad de encontrarse cuanto antes [...].

Luego, durante el vuelo, Ignacio fue repasando sus recuerdos. Esos dos, y también Javier, hoy catedrático en Ciudad de México, habían constituido su «barra», su clan de inseparables, primero en el colegio de la Sagrada Familia, después en el liceo Elbio Fernández, y poco más. De pronto, casi sin advertirlo, cada uno empezó a seguir su rumbo propio. Javier fue el primero en desaparecer: emigró a México con sus padres y allí había concluido su doctorado y se había casado con una guatemalteca. Ignacio se recibió de escribano. Alfonso había llegado hasta tercero de Medicina pero luego, a la muerte de su padre, se hizo cargo de la estancia en Soriano y sólo bajaba a Montevideo tres o cuatro veces al año. Martín, que parecía tan enclenque en su infancia, se había dedicado al atletismo con bastante éxito (había quedado a sólo dos décimas del récord nacional en los 400 metros llanos) y después, ya metido en el mundo del fútbol, fue preparador físico de algún equipo local y varios del exterior, de modo que viajaba constantemente, con residencias prolongadas en Colombia, Honduras y Chile. Los únicos que se veían con cierta frecuencia eran Martín y Alfonso, ya que tenían algunos negocios en común y era por esa razón que habían ido a Santiago.

Tras su regreso de Brasil, Ignacio dejó pasar un par de días y luego telefoneó a Martín: quedaron en encontrarse los tres en un restaurante del Puerto y allí escribir conjuntamente una postal que mandarían al lejano Javier.

Otra vez los abrazos y las rituales bromas sobre barbas, calvicies y barrigas. Y entre lenguas a la vinagreta y colitas de buey, entre un excelente vino chileno y el champán del reencuentro, hubo lugar para el consabido repaso de los recuerdos compartidos, así como para el envite del «¿te acordás de?» y la solidaria réplica «qué plomo, dios mío», o la tierna evocación de aquella estilizada piba de la que todos estuvieron enamorados y que años más tarde se había casado con un secretario de la embajada norteamericana. «Allá ella», murmuró Alfonso con rencorosa nostalgia.

Ya en los postres, Martín se dirigió a Ignacio: «¿A que no te acordás del padre Arnáiz, el implacable de Matemáticas, cuando tuvo la ocurrencia de preguntarnos a los cuatro qué aspirábamos a ser cuando mayores?».

Alfonso cortó: «Recuerdo que Javier dijo que profesor, y lo es. Vos, Martín, dijiste que atleta, y lo fuiste. Yo dije que estanciero, y lo soy. Ya lo ves, Ignacio: fuiste el único que no cumpliste. Qué vergüenza».

«Es cierto», dijo Ignacio con voz ronca. «No cumplí».

«¿Verdaderamente recordás lo que dijiste entonces?», preguntó Martín.

«Naturalmente. Son cosas que no se olvidan. Antropófago. Dije que quería ser antropófago».

Los otros soltaron la risa y Alfonso inquirió: «¿Y? ¿Qué pasó?».

Ignacio resopló, incómodo: «Toda una frustración», dijo entre dientes. «Somos una sociedad demasiado provinciana. Hay tantos prejuicios. Tantas inhibiciones».

En torno al texto

— *Vuelve atrás en el tiempo y haznos oír el diálogo entre Ignacio y el Padre Arnáiz, la sorpresa de uno y las razones del otro.*

Albino Gómez nació en Argentina en 1934. Diplomático de carrera, poeta, cuentista y novelista.

MUERTE EN NUEVA DELHI

El calor era insoportable, como cualquier día de Panamá o alguno de esos días en Buenos Aires de enero o febrero, cuando se transpira aún estando absolutamente inmóvil. Ramiro descendió del taxi que lo había llevado desde el hotel hasta una residencia en las afueras de Nueva Delhi. Tenía una entrevista en ella con un importante hombre de negocios británico. Lo hicieron pasar y esperar en una amplia sala cuyo decorado parecía el de tantas películas norteamericanas de la década del 40 ambientadas en la India, como «Llegaron las lluvias» y tantas otras. No faltaba por supuesto un ventilador de techo que giraba inútilmente. Eran las doce en punto cuando Ramiro oyó, desde más allá de un espeso cortinado que daba al jardín de la casa, una voz de barítono que, no obstante su buen timbre y excelente impostación, parecía estar al borde de quebrarse por la rabia, el odio, el miedo o la exasperación. Además, jamás había oído Ramiro en la lengua de Shakespeare, semejante rosario de insultos: ''¡Hija de puta, podrida infame, te voy a destrozar, no vas a joder más a nadie hija de puta, miserable, puta inmunda...! ¡Te voy a matar, te voy a destrozar, te voy a matar...!'' Ramiro se puso de pie, pero estaba inmovilizado y sudoroso, profundamente conmovido. No sabía qué hacer, pero su instinto y su sentido del pudor y de la discreción, lo impulsaban a salir prestamente por la puerta por la que había entrado y desaparecer. Porque no le cabía duda de que el protagonista de semejante disputa era el propio dueño de casa, y obviamente, aunque él no tuviera nada que ver con el drama que se estaba desarrollando, —o tal vez por ello mismo— su presencia allí no dejaba de ser de todos modos inoportuna. El hecho cierto era que aún sin quererlo se estaba convirtiendo en testigo presencial o al menos auditivo, de una disputa que al parecer iba a terminar en un asesinato. Ramiro no sabía realmente qué hacer. Por un lado le parecía riesgoso o al menos imprudente traspasar la cortina para ir al lugar mismo del dramático hecho. Por otro, huir de la casa, como le indicaba su instinto, le parecía vergonzoso. Así estaba sin poder salir de sus dudas ni de su inmovilidad cuando sonó un fuerte disparo, seguramente producido por una poderosa arma de fuego. A Ramiro se le aflojaron las rodillas y en ese mismo momento se abrió el cortinado entrando a la sala un hombre de unos cincuenta años, muy alto, y vestido según las normas de Hollywood para el caso y el lugar. Estaba también sudoroso y lívido, y la muy visible arma de fuego en su mano derecha no dejaba lugar a dudas sobre lo que acababa de ocurrir. Ramiro intentó presentarse, tanto como para tomar alguna iniciativa: «Yo soy Ramiro...», pero fue de inmediato interrumpido: «Sí, me imagino. Habrá oído usted lo que pasó... Le ruego me disculpe haberlo sometido a ser testigo de una situación así, pero no hay otra forma de contener a una...» Y allí pronunció un nombre que a Ramiro le pareció de mujer, tal vez un nombre indio, pero que dado su alterado estado de ánimo no pudo captar debidamente. Y siguió el dueño de casa: «... se trata de una serpiente muy venenosa, su picadura es mortal. No es común encontrarlas tan cerca de la casa, pero la vi justamente cuando iba a entrar aquí. El único modo de detenerla era transformando el miedo en odio, gritando así, como lo hice. Frente a ese tipo de serpiente lo único que puede hacerse es eso, o provocar un fuerte ruido, algo extraordinario que haga que toda su atención quede puesta en ello y no en uno mismo, porque si cesa su atención, la bestia salta de inmediato sobre uno, sobre la víctima. Entonces, yo no

podía hacer otra cosa que ocultar mi miedo y gritar así mientras
trataba de extraer mi pistola, pero todo ello con sumo cuidado,
para no distraerla con algún movimiento mío, porque entonces
también habría terminado el efecto hipnótico que sobre ella tenía
mi griterío. Al fin pude dispararle directamente desde la cintura
sobre la cabeza, y allí quedó. Por favor, acompáñeme a tomar
un trago, que nos va a venir muy bien a los dos».

En torno al texto

— Ramiro no puede soportar los insultos, corre la cortina y...
describe tú la escena que se encuentra.

54

J. J. Arreola nació en Zapotlán (México) en 1918. Cuentista y autor de sorprendentes relatos breves.

PARÁBOLA DEL TRUEQUE

Al grito de «¡Cambio esposas viejas por nuevas!» el mercader recorrió las calles del pueblo arrastrando su convoy de pintados carromatos.

Las transacciones fueron muy rápidas, a base de unos precios inexorablemente fijos. Los interesados recibieron pruebas de calidad y certificados de garantía, pero nadie pudo escoger. Las mujeres, según el comerciante, eran de veinticuatro quilates. Todas rubias y todas circasianas. Y más que rubias, doradas como candeleros.

Al ver la adquisición de su vecino, los hombres corrían desaforados en pos del traficante. Muchos quedaron arruinados. Sólo un recién casado pudo hacer cambio a la par. Su esposa estaba flamante y no desmerecía ante ninguna de las extranjeras. Pero no era tan rubia como ellas.

Yo me quedé temblando detrás de la ventana, al paso de un carro suntuoso. Recostada entre almohadones y cortinas, una mujer que parecía un leopardo me miró deslumbrante, como desde un bloque de topacio. Presa de aquel contagioso frenesí, estuve a punto de estrellarme contra los vidrios. Avergonzado, me aparté de la ventana y volví el rostro para mirar a Sofía.

Ella estaba tranquila, bordando sobre un nuevo mantel las iniciales de costumbre. Ajena al tumulto, ensartó la aguja con sus dedos seguros. Sólo yo que la conozco podía advertir su tenue, imperceptible palidez. Al final de la calle, el mercader lanzó por último la turbadora proclama: «¡Cambio esposas viejas por nuevas!» Pero yo me quedé con los pies clavados en el suelo, cerrando los oídos a la oportunidad definitiva. Afuera, el pueblo respiraba una atmósfera de escándalo.

Sofía y yo cenamos sin decir una palabra, incapaces de cualquier comentario.

— ¿Por qué no me cambiaste por otra? —me dijo al fin, llevándose los platos.

No pude contestarle, y los dos caímos más hondo en el vacío. Nos acostamos temprano, pero no podíamos dormir. Separados y silenciosos, esa noche hicimos un papel de convidados de piedra.

Desde entonces vivimos en una pequeña isla desierta, rodeados por la felicidad tempestuosa. El pueblo parecía un gallinero infestado de pavos reales. Indolentes y voluptuosas, las mujeres pasaban todo el día echadas en la cama. Surgían al atardecer, resplandecientes a los rayos del sol, como sedosas banderas amarillas.

Ni un momento se separaban de ellas los maridos complacientes y sumisos. Obstinados en la miel, descuidaban su trabajo sin pensar en el día de mañana.

Yo pasé por tonto a los ojos del vecindario, y perdí los pocos amigos que tenía. Todos pensaron que quise darles una lección, poniendo el ejemplo absurdo de la fidelidad. Me señalaban con el dedo, riéndose, lanzándome pullas desde sus opulentas trincheras. Me pusieron sobrenombres obscenos, y yo acabé por sentirme como una especie de eunuco en aquel edén placentero.

Por su parte, Sofía se volvió cada vez más silenciosa y retraída. Se negaba a salir a la calle conmigo, para evitarme contrastes y comparaciones. Y lo que es peor, cumplía de mala gana con sus más estrictos deberes de casada. A decir verdad los dos nos sentíamos apenados de unos amores tan modestamente conyugales.

Su aire de culpabilidad era lo que más me ofendía. Se sintió responsable de que yo no tuviera una mujer como las otras. Se puso a pensar desde el primer momento que su humilde semblante de todos los días era incapaz de apartar la imagen de la tentación que yo llevaba en la cabeza. Ante la hermosura invasora, se batió en retirada hasta los últimos rincones del mudo resentimiento. Yo agoté en vano nuestras pequeñas economías, comprándole adornos, perfumes, alhajas y vestidos.

— ¡No me tengas lástima!

Y volvía la espalda a todos los regalos. Si me esforzaba en mimarla, venía su respuesta entre lágrimas:

— ¡Nunca te perdonaré que no me hayas cambiado!

Y me echaba la culpa de todo. Yo perdía la paciencia. Y recordando a la que parecía un leopardo, deseaba de todo corazón que volviera a pasar el mercader.

Pero un día las rubias comenzaron a oxidarse. La pequeña isla en que vivíamos recobró su calidad de oasis, rodeada por el desierto. Un desierto hostil, lleno de salvajes alaridos de descontento. Deslumbrados a primera vista, los hombres no pusieron realmente atención en las mujeres. Ni les echaron una buena mirada, ni se les ocurrió ensayar su metal. Lejos de ser nuevas, eran de segunda, de tercera, de sabe Dios cuántas manos... El mercader les hizo sencillamente algunas reparaciones indispensables, y les dio un baño de oro tan bajo y tan delgado, que no resistió la prueba de las primeras lluvias.

El primer hombre que notó algo extraño se hizo el desentendido, y el segundo también. Pero el tercero, que era farmacéutico, advirtió un día entre el aroma de su mujer la característica emanación del sulfato de cobre. Procediendo con alarma a un examen minucioso, halló manchas oscuras en la superficie de la señora y puso el grito en el cielo.

Muy pronto aquellos lunares salieron a la cara de todas, como si entre las mujeres brotara una epidemia de herrumbre. Los maridos se ocultaron unos a otros las fallas de sus esposas, atormentándose en secreto con terribles sospechas acerca de su procedencia. Poco a poco salió a relucir la verdad, y cada quien supo que había recibido una mujer falsificada.

El recién casado que se dejó llevar por la corriente del entusiasmo que despertaron los cambios, cayó en un profundo abatimiento. Obsesionado por el recuerdo de un cuerpo de blancura inequívoca, pronto dio muestras de extravío. Un día se puso a remover con ácidos corrosivos los restos de oro que había en el cuerpo de su esposa, y la dejó hecha una lástima, una verdadera momia.

Sofía y yo nos encontramos a merced de la envidia y del odio. Ante esa actitud general, creí conveniente tomar algunas precauciones. Pero a Sofía le costaba trabajo disimular su júbilo, y dio en salir a la calle con sus mejores atavíos, haciendo gala entre tanta desolación. Lejos de atribuir algún mérito a mi conducta, Sofía pensaba naturalmente que yo me había quedado con ella por cobarde, pero que no me faltaron las ganas de cambiarla.

Hoy salió del pueblo la expedición de los maridos engañados que van en busca del mercader. Ha sido verdaderamente un triste espectáculo. Los hombres levantaban al cielo los puños, jurando venganza. Las mujeres iban de luto, lacias y desgreñadas, como plañideras leprosas. El único que se quedó es el famoso recién casado, por cuya razón se teme. Dando pruebas de un apego maniático, dice que ahora será fiel hasta que la muerte lo separe de la mujer ennegrecida, esa que él mismo acabó de estropear a base de ácido sulfúrico.

Yo no sé la vida que me aguarda al lado de una Sofía quién sabe si necia o si prudente. Por lo pronto, le van a faltar admiradores. Ahora estamos en una isla verdadera, rodeada de soledad por todas partes. Antes de irse, los maridos declararon que buscarán hasta el infierno los rastros del estafador. Y realmente, todos ponían al decirlo una cara de condenados.

Sofía no es tan morena como parece. A la luz de la lámpara, su rostro dormido se va llenando de reflejos. Como si del sueño le salieran leves, dorados pensamientos de orgullo.

En torno al texto

— *Sólo Sofía y su marido parecen salir ganadores en este negocio en el que «no es oro todo lo que reluce», como decimos en español. Prolonga tú esta historia. ¿Serán felices? ¿Volverán los demás? ¿Cómo?*

Alfredo Bryce Echenique nació en Lima (Perú), en 1939.
Novelista y cuentista. Su novela "Un mundo para Julius" lo
lanzó a la fama.

LA MADRE, EL HIJO Y EL PINTOR

Se había acostumbrado al sistema: de lunes a jueves, cuatro días con su madre. De viernes a domingo, tres días con su padre. Manolo tenía la ropa que usaba cuando estaba con su padre, y los libros que leía en el departamento de su madre. Una pequeña valija para el viaje semanal de Miraflores a Magdalena, de un departamento a otro. Su madre lo quería mucho los jueves, porque al día siguiente lo vería partir, y su padre era muy generoso los domingos, porque al día siguiente le tocaba regresar donde «ella». Se había acostumbrado al sistema. Lo encontraba lógico. «No soy tan viejo», le había dicho su padre, una noche, mientras cenaban juntos en un restaurante y una mujer le había sonreído coquetamente. «Tienes diecisiete años, y eres un muchacho inteligente, "le había dicho su madre una mañana". Es preciso que te presente a mis amigos».

Jueves. Sentado en una silla blanca, en el baño del departamento, Manolo contemplaba a su madre que empezaba a arreglarse para ir al cocktail.

— Es muy simpático, y es un gran pintor —dijo su madre.

— Nunca he visto un cuadro suyo.

— Tiene muchos en su departamento. Hoy podrás verlos. Me pidió que te llevara. Además, no me gusta separarme de ti los jueves.

— ¿Va a ir mucha gente?

— Todos conocidos míos. Buenos amigos y simpáticos. Ya verás.

Manolo la veía en el espejo. Había dormido una larga siesta, y tenía la cara muy reposada. Así era cuando tomaban el desayuno juntos: siempre con su bata floreada, y sus zapatillas azules. Le hubiera gustado decirle que no necesitaba maquillarse, pero sabía cuánto le mortificaban esas pequeñas arrugas que tenía en la frente y en el cuello.

— ¿Terminaste el libro que te presté? —preguntó su madre, mientras cogía un frasco de crema para el cutis.

— No —respondió Manolo. Trataré de terminarlo esta noche después del cocktail.

— No te apures —dijo su madre. Llévatelo mañana, si quieres. Prefiero que lo leas con calma, aunque no creo que allá puedas leer.

— No sé... Tal vez.

Se había cubierto el rostro con una crema blanca, y se lo masajeaba con los dedos, dale que te dale con los dedos.

— Pareces un payaso, mamá —dijo Manolo sonriente.

— Todas las mujeres hacen lo mismo. Ya verás cuando te cases.

La veía quitarse la crema blanca. El cutis le brillaba. De rato en rato, los ojos de su madre lo sorprendían en el espejo: bajaba la mirada.

— Y ahora, una base para polvos —dijo su madre.

— ¿Una base para qué?

— Para polvos.

— ¿Todos los días haces lo mismo?

— Ya lo creo, Manolo. Todas las mujeres hacen lo mismo. No me gusta estar desarreglada.

— No, ya lo creo. Pero cuando bajas a tomar el desayuno tampoco se te ve desarreglada.

— ¿Qué saben los hombres de esas cosas?

— Me imagino que nada, pero en el desayuno...

— No digas tonterías, hijo —interrumpió ella... Toda mujer tiene que arreglarse para salir, para ser vista. En el desayuno no estamos sino nosotros dos. Madre e hijo.

— Humm...

— A toda mujer le gusta gustar.

— Es curioso, mamá. Papá dice lo mismo.

— El no me quería.

— Sí. Sí. Ya lo sé.

— ¿Tú me quieres? —preguntó, agregando—: Voltéate que voy a ponerme la faja.

Escuchaba el sonido que producía el roce de la faja con las piernas de su madre. «Tu madre tiene buenas patas», le había dicho un amigo en el colegio.

— Ya puedes mirar, Manolo.

— Tienes bonitas piernas, mamá.

— Eres un amor, Manolo. Eres un amor. Tu padre no sabía apreciar eso. ¿Por qué no le dices mañana que mis piernas te parecen bonitas?

Se estaba poniendo un fustán negro, y a Manolo le hacía recordar a esos fustanes que usan las artistas, en las películas para mayores de dieciocho años. No le quitaba los ojos de encima. Era verdad: su madre tenía buenas piernas, y era más bonita que otras mujeres de cuarenta años.

— Y las piernas mejoran mucho con los tacos altos —dijo, mientras se ponía unos zapatos de tacones muy altos.

— Humm...

— Tu padre no sabía apreciar eso. Tu padre no sabía apreciar nada.

— Mamá...

— Ya sé. Ya sé. Mañana me abandonas, y no quieres que esté triste.

— Vuelvo el lunes. Como siempre...

— Alcánzame el traje negro que está colgado detrás de la puerta de mi cuarto.

Manolo obedeció. Era un hermoso traje de terciopelo negro. No era la primera vez que su madre se lo ponía, y, sin embargo, nunca se había dado cuenta de que era tan escotado. Al entrar al baño, lo colgó en una percha, y se sentó nuevamente.

— ¿Cómo se llama el pintor, mamá?

— Domingo. Domingo como el día que pasas con tu padre —dijo ella, mientras estiraba el brazo para coger el traje— ¿En qué piensas, Manolo?

— En nada.

— Este chachá me está a la trinca. Tendrás que ayudarme con el cierre relámpago.

— Es muy elegante.

— Nadie diría que tengo un hijo de tu edad.

— Humm...

— Ven. Este cierre es endemoniado. Súbelo primero, y luego engánchalo en la pretina.

Manolo hizo correr el cierre por la espalda de su madre. «Listo», dijo, y retrocedió un poco mientras ella se acomodaba el traje, tirándolo con ambas manos hacia abajo. Una hermosa silueta se dibujó ante sus ojos, y esos brazos blancos y duros eran los de una mujer joven. Ella parecía saberlo: era un traje sin mangas. Manolo se sentó nuevamente. La veía ahora peinarse.

— Estamos atrasados, Manolo —dijo ella, al cabo de un momento.

— Hace horas que estoy listo —replicó, cubriéndose la cara con las manos.

— Será cosa de unos minutos. Sólo me faltan los ojos y los labios.

— ¿Qué? —preguntó Manolo. Se había distraído un poco.

— Digo que será cosa de minutos. Sólo me faltan los ojos y los labios.

Nuevamente la miraba, mientras se pintaba los labios. Era un lápiz color rojo rojo, y lo usaba con gran habilidad. Sobre la repisa, estaba la tapa. Manolo leyó la marca: «Senso», y desvió la mirada hacia la bata que su madre usaba para tomar desayuno. Estaba colgada en una percha.

— ¿Quieres que la guarde en tu cuarto, mamá?

— Que guardes ¿qué cosa?

— La bata.

— Bueno. Llévate también las zapatillas.

Manolo las cogió, y se dirigió al dormitorio de su madre. Colocó la bata cuidadosamente sobre la cama, y luego las zapatillas, una al lado de la otra, junto a la mesa de noche. Miraba alrededor suyo, como si fuera la primera vez que entrara allí. Era una habitación pequeña, pero bastante cómoda, y en la que no parecía faltar nada. En la pared, había un retrato suyo, tomado el día en que terminó el colegio. Al lado del retrato, un pequeño cuadro. Manolo se acercó a mirar la firma del pintor: imposible leer el apellido, pero pudo distinguir claramente la D de Domingo. El dormitorio olía a jazmín, y junto a un pequeño florero, sobre la mesa de noche, había una fotografía que no creía haber visto antes. La cogió: su madre al centro, con el mismo traje que acababa de ponerse, y rodeada de un grupo de hombres y mujeres. «Deben ser los del cocktail», pensó. Hubiera querido quedarse un rato más, pero ella lo estaba llamando desde el baño.

— ¡Manolo! ¿Dónde estás?

— Voy —respondió, dejando la fotografía en su sitio.

— Préndeme un cigarrillo —y se dirigió hacia el baño. Su madre volteó al sentirlo entrar. Estaba lista. Estaba muy bella. Hubiera querido abrazarla y besarla. Su madre era la mujer más bella del mundo. ¡La mujer más bella del mundo!

— ¡Cuidado! Manolo —exclamó. Casi me arruinas el maquillaje. —Y añadió—: Perdón, hijito. Deja el cigarrillo sobre la repisa.

Se sentó nuevamente a mirarla. Hacía una serie de muecas graciosísimas frente al espejo. Luego, se acomodaba el traje tirándolo hacia abajo, y se llevaba ambas manos a la cintura, apretándosela como si tratara de reducirla. Finalmente, cogió el cigarrillo que Manolo había dejado sobre la repisa, dio una pitada, y se volvió hacia él.

— ¿Qué le dices a tu madre? —preguntó, exhalando el humo.

— Muy bien —respondió Manolo.

— Ahora no me dirás que me prefieres con la bata del desayuno. ¿A cuál de las dos prefieres?

— Te prefiero, simplemente, mamá.

— Dime que estoy linda.

— Sí...

— Tu padre no sabe apreciar eso. ¡Vamos! ¡Al cocktail! ¡Apúrate!

Su madre conducía el automóvil, mientras Manolo, a su derecha, miraba el camino a través de la ventana. Permanecía mudo, y estaba un poco nervioso. Ella le había dicho que era una reunión de intelectuales, y eso le daba un poco de miedo.

— Estamos atrasados —dijo su madre, deteniendo el auto frente a un edificio de tres pisos. Aquí es.

— Muy bonito —dijo Manolo mirando al edificio, y tratando de adivinar cuál de las ventanas correspondía al departamento del pintor.

— No es necesario que hables mucho —dijo ella. Ante todo escucha. Escucha bien. Esta gente puede enseñarte muchas cosas. No tengas miedo que todos son mis amigos, y son muy simpáticos.

— ¿En qué piso es?

— En el tercero.

Subían. Manolo subía detrás de su madre. Tenían casi una hora de atraso, y le parecía que estaba un poco nerviosa. «Hace falta un ascensor», dijo ella, al llegar al segundo piso. La seguía «¿Va a haber mucha gente, mamá?» No le respondió. Al llegar al tercer piso, dio tres golpes en la puerta, y se arregló el traje por última vez. No se escuchaban voces. Se abrió la puerta y Manolo vio al pintor. Era un hombre de unos cuarenta años. «Parece torero, pensó. Demasiado alto para ser un buen torero». El pintor saludó a su madre, pero lo estaba mirando al mismo tiempo. Sonrió. Parecía estar un poco confundido.

— Adelante —dijo.

— Este es Manolo, Domingo.

— ¿Cómo estás, Manolo?

— ¿Qué pasa? —preguntó ella.

— ¿No recibieron mi encargo? Llamé por teléfono.

— ¿Qué encargo?

— Llamé por teléfono, pero tú no estabas.

— No me han dicho nada.

— Siéntense. Siéntense.

Manolo lo observaba mientras hablaba con su madre, y lo notaba un poco confundido. Miró a su alrededor: «Ni gente, ni bocadillos. Tenemos una hora de atraso». Era evidente que en ese departamento no había ningún cocktail. Sólo una pequeña mesa en un rincón. Dos asientos. Dos sillas, una frente a la otra. Una botella de vino. Algo había fallado.

— Siéntate, Manolo —dijo el pintor, al ver que continuaba de pie. Llamé para avisarles que la reunión se había postergado. Uno de mis amigos está enfermo y no puede venir.

— No me han avisado nada —dijo ella, mirando hacia la mesa.

— No tiene importancia —dijo el pintor mientras se sentaba. Comeremos los tres juntos.

— Domingo...

— Donde hay para dos hay para tres —dijo sonriente, pero algo lo hizo cambiar de expresión y ponerse muy serio.

Manolo se había sentado en un sillón, frente al sofá en que estaban su madre y el pintor. En la pared, encima de ellos, había un inmenso cuadro, y Manolo reconoció la firma: «La D del dormitorio», pensó. Miró alrededor suyo, pero no había más cuadros como ese. No podía hablar.

— Es una lástima —dijo el pintor ofreciéndole un cigarrillo a la madre de Manolo.

— Gracias, Domingo. Yo quería que conociera a tus amigos.

— Tiene que venir otro día.

— Por lo menos hoy podrá ver tus cuadros.

— ¡Excelente idea! —exclamó. Podemos comer, y luego puede ver mis cuadros. Están en ese cuarto.

— ¡Claro! ¡Claro!

— ¿Quieres ver mis cuadros, Manolo?

— Sí. Me gustaría...

— ¡Perfecto! Comemos, y luego ves mis cuadros.

— ¡Claro! —dijo ella, sonriente. [...].

En torno al texto

— Cuenta de nuevo esta historia sin usar diálogo.
Haz una descripción de cada uno de los personajes según lo que aquí se relata.

67

Adolfo Bioy Casares nació en 1913 en Buenos Aires (Argentina). Cuentista y novelista. Ha escrito bastantes obras en colaboración con Jorge Luis Borges.

LA PASAJERA DE PRIMERA CLASE

En aquella ciudad tropical, modesto emporio al que llegaban ocasionales compradores enviados por compañías tabacaleras, la vida se deslizaba monótonamente. Cuando algún barco fondeaba en el puerto, nuestro cónsul festejaba el acontecimiento con un banquete [...]. El invitado de honor era siempre el capitán, a quien el negrito del consulado llevaba la invitación a bordo, con el ruego que la extendiera a un grupo, elegido por él, de oficiales y pasajeros. Aunque la mesa descollaba por lo magnífica, el calor húmedo volvía desabridos, y hasta sospechosos, los más complicados productos del arte culinario, de modo que únicamente mantenía allí su atractivo la fruta; mejor dicho, la fruta y el alcohol, según lo prueban los testimonios de viajeros que no olvidan un prestigioso vino blanco, ni las expansiones, presuntamente divertidas, que suscitaba. En el curso de uno de esos almuerzos, nuestro cónsul oyó, de los propios labios de la turista —una acaudalada señora, entrada en años, de carácter firme, aspecto desenvuelto y holgada ropa inglesa— la siguiente explicación o historia:

—Yo viajo en primera clase, pero reconozco sin discusión que hoy todas las ventajas favorecen al pasajero de segunda. [...] sin duda por la preferencia de la tripulación por las clases populares, los manjares más exquisitos y los más frescos invariablemente se encaminan al comedor de segunda. En cuanto a la referida preferencia por las clases populares, no se llame a engaño, no tiene nada de natural; la inculcaron escritores y periodistas, individuos a los que todo el mundo escucha con incredulidad y desconfianza, pero que a fuerza de tesón a la larga convencen. [...].

Me creerá si le aseguro que yo no espero nada de la vida; de todos modos me gusta la animación, la gente linda y joven. Y ahora le confiaré un secreto: por más que porfiemos en contra, la belleza y la juventud son la misma cosa; no por nada las viejas como yo, si un muchacho entra en juego, perdemos la cabeza. La gente joven —para volver a esta cuestión de las clases— viaja toda en segunda. En primera, los bailes, cuando los hay, parecen de cadáveres resucitados, que se han echado encima la mejor ropa y todo el alhajero, para celebrar debidamente la noche. Lo más lógico sería que a las doce en punto cada cual se volviera a su tumba, ya medio pulverizado. Es claro que nosotros podemos asistir a las fiestas de segunda, aunque para eso habría que prescindir de toda sensibilidad, porque los que viven allá abajo nos miran como si nos creyéramos otras tantas testas coronadas, de visita en los barrios pobres. Los de segunda se presentan, cuando les da la gana, en primera y nadie, ninguna autoridad, les opone una barrera odiosa, que la sociedad unánimemente descartó, hace algún tiempo. Estas visitas de la gente de segunda son bien recibidas por nosotros, los de primera, que moderamos nuestros agasajos y efusividad para que los ocasionales huéspedes no descubran que los identificamos, en el acto, como de la otra clase [...] y tomen ofensa. Nos alegran menos con su visita cuando se trata de incursiones o irrupciones que por lo general ocurren antes del amanecer, verdaderas indiadas en que los invasores empedernidamente se dedican a buscar algún pasajero, ¡a cualquiera de nosotros!, que no cerró bien la puerta de su camarote, o que se demoró afuera, en el bar, en la biblioteca o en el salón de música; le juro, señor, que esos muchachos lo agarran sin mayores miramientos, lo llevan al puente o *promenade* y lo arrojan por la borda a la negra inmensidad del mar, iluminada por la impasible luna, como dijo un gran poeta, y poblado por los terroríficos monstruos de nuestra imaginación. Todas las mañanas los pasajeros de primera nos miramos con ojos que están a las claras comentando: «Así que a usted todavía no le ha tocado». Por decoro nadie menciona a los desaparecidos; también por prudencia, ya que según versiones, tal vez infundadas —hay un agrado truculento en asustarse, en suponer que la organización del adversario es perfecta— los de segunda mantendrían una red de espías entre nosotros. Como le dije hace un rato, nuestra clase perdió todas las ventajas, [...], pero yo, por algún defecto, a lo mejor incurable en gente de mi edad, no me avengo a convertirme en pasajera de segunda.

En torno al texto

— ¿Con cuántas cosas de las que va contando esta pasajera estás de acuerdo?, ¿te parecen todas creíbles?

LOS DOS REYES Y LOS DOS LABERINTOS

Cuentan los hombres dignos de fe (pero Alá sabe más) que en los primeros días hubo un rey de las islas de Babilonia que congregó a sus arquitectos y magos y les mandó construir un laberinto tan perplejo y sutil que los varones más prudentes no se aventuraban a entrar, y los que entraban se perdían. [...]. Con el andar del tiempo vino a su corte un rey de los árabes, y el rey de Babilonia (para hacer burla de la simplicidad de su huésped) lo hizo penetrar en el laberinto, donde vagó afrentado y confundido hasta la declinación de la tarde. Entonces imploró socorro divino y dio con la puerta. Sus labios no profirieron queja ninguna, pero le dijo al rey de Babilonia que él en Arabia tenía un laberinto mejor y que, si Dios era servido, se lo daría a conocer algún día. Luego regresó a Arabia, juntó sus capitanes y sus alcaides y estragó los reinos de Babilonia con tan venturosa fortuna que derribó sus castillos, rompió sus gentes e hizo cautivo al mismo rey. Lo amarró encima de un camello veloz y lo llevó al desierto. Cabalgaron tres días, y le dijo: «¡Oh, rey del tiempo y substancia y cifra del siglo!, en Babilonia me quisiste perder en un laberinto de bronce con muchas escaleras, puertas y muros; ahora el Poderoso ha tenido a bien que te muestre el mío, donde no hay escaleras que subir, [...].

Luego le desató las ligaduras y lo abandonó en mitad del desierto, donde murió de hambre y de sed. [...].

En torno al texto

— *Rasgos orientales presentes en este cuento.*

ESSE EST PERCIPI

Viejo turista de la zona Núñez y aledaños, no dejé de notar que venía faltando en su lugar de siempre el monumental estadio de River. Consternado, consulté al respecto al amigo y doctor Gervasio Montenegro, miembro de número de la Academia Argentina de Letras. [...]. Su pluma compilaba por aquel entonces una a modo de *Historia Panorámica del Periodismo Nacional,* [...]. Las documentaciones de práctica lo habían llevado casualmente a husmear el busilis. [...] me remitió a un amigo común, Tulio Savastano, presidente del club Abasto Juniors, a cuya sede, sita en el Edificio Amianto, de Avenida Corrientes y Pasteur, me di traslado. Este directivo, pese al régimen doble dieta a que lo tiene sometido su médico y vecino doctor Narbondo, mostrábase aún movedizo y ágil. Un tanto enfarolado por el último triunfo de su equipo sobre el combinado canario, se despachó a sus anchas y me confió, mate va, mate viene, pormenores de bulto que aludían a la cuestión sobre el tapete. Aunque yo me repitiese que Savastano había sido otrora el compinche de mis mocedades de Agüero esquina Humahuaca, la majestad del cargo me imponía y, cosa de romper la tirantez, congratulélo sobre la tramitación del último gol que, a despecho de la intervención oportuna de Zarlenga y Parodi, convirtiera el centro-half Renovales, tras aquel pase histórico de Musante. Sensible a mi adhesión al Once de Abasto, el prohombre dio una chupada postrimera a la bombilla exhausta, diciendo filosóficamente [...]:

— Y pensar que fui yo el que les inventé esos nombres.

— ¿Alias? —pregunté, gemebundo. ¿Musante no se llama Musante? ¿Renovales no es Renovales? ¿Limardo no es el genuino patronímico del ídolo que aclama la afición?

La respuesta me aflojó todos los miembros.

— ¿Cómo? ¿Usted cree todavía en la afición y en ídolos? ¿Dónde ha vivido, don Domecq?

En eso entró un ordenanza que parecía un bombero y musitó que Ferrabás quería hablarle al señor.

— ¿Ferrabás, el locutor de la voz pastosa? —exclamé. ¿El animador de la sobremesa cordial de las trece y quince y del jabón Profumo? [...]

— Que espere —ordenó el señor Savastano.

— ¿Que espere? ¿No será más prudente que yo me sacrifique y me retire? —aduje con sincera abnegación.

— Ni se le ocurra —contestó Savastano. —Arturo, dígale a Ferrabás que pase. Tanto da...

Ferrabás hizo con naturalidad su entrada. Yo iba a ofrecerle mi butaca, pero Arturo, el bombero, me disuadió con una de esas miraditas que son como una masa de aire polar. La voz presidencial dictaminó:

— Ferrabás, ya hablé con De Filipo y con Camargo. [...]. Hay juego recio pero no vaya a recaer, acuérdese bien, en el pase de Musante a Renovales, que la gente lo sabe de memoria. Yo quiero imaginación, imaginación. ¿Comprendido? Ya puede retirarse.

Junté fuerzas para aventurar la pregunta:

— ¿Debo deducir que el *score* se digita?

Sevastano, literalmente, me revolcó en el polvo.

— No hay *score* ni cuadros ni partidos. Los estadios ya son demoliciones que se caen a pedazos. Hoy todo pasa en la televisión y en la radio. La falsa excitación de los locutores ¿nunca lo llevó a maliciar que todo es patraña? El último partido de fútbol se jugó en esta capital el día 24 de junio del 37. Desde aquel preciso momento, el fútbol, al igual que la vasta gama de los deportes, es un género dramático, a cargo de un solo hombre en una cabina o de actores con camiseta ante el cameraman.

— Señor ¿quién inventó la cosa? —atiné a preguntar.

— Nadie lo sabe. Tanto valdría pesquisar a quién se le ocurrieron primero las inauguraciones de escuelas y las visitas fastuosas de testas coronadas. Son cosas que no existen fuera de los estudios de grabación y de las redacciones. Convénzase Domecq, la publicidad masiva es la contramarca de los tiempos modernos.

— ¿Y la conquista del espacio? —gemí.

— Es un programa foráneo, una coproducción yanqui-soviética. Un laudable adelanto, no lo neguemos, del espectáculo cientifista.

— Presidente, usted me mete miedo —mascullé, sin respetar la vía jerárquica. ¿Entonces en el mundo no pasa nada?

— Muy poco —contestó con su flema inglesa—. Lo que yo no capto es su miedo. El género humano está en casa, repantingado, atento a la pantalla o al locutor, cuando no a la prensa amarilla. ¿Qué más quiere, Domecq? Es la marcha gigante de los siglos, el ritmo del progreso que se impone.

— ¿Y si se rompe la ilusión? —dije con un hilo de voz.

— Qué se va a romper —me tranquilizó.

— Por si acaso seré una tumba —le prometí. [...].

— Diga lo que se le dé la gana, nadie le va a creer.

Sonó el teléfono. El presidente portó el tubo al oído y aprovechó la mano libre para indicarme la puerta de salida.

En torno al texto

— *Borges nos recuerda en el título que «existir es ser percibido», como dice cierta corriente filosófica. ¿Crees que el relato lo pone bien de manifiesto? ¿Cómo?*

Octavio Paz nació en México en 1914. Poeta y ensayista, es uno de los intelectuales más notables del continente. En 1981 obtuvo el premio Cervantes.

EL RAMO AZUL

Desperté, cubierto de sudor. Del piso de ladrillos rojos, recién regado, subía un vapor caliente. Una mariposa de alas grisáceas revoloteaba encandilada alrededor del foco amarillento. Salté de la hamaca y descalzo atravesé el cuarto, cuidando no pisar algún alacrán salido de su escondrijo a tomar el fresco. Me acerqué al ventanillo y aspiré el aire del campo. Se oía la respiración de la noche, enorme, femenina. Regresé al centro de la habitación, vacié el agua de la jarra en la palangana de peltre y humedecí la toalla. Me froté el torso y las piernas con el trapo empapado, me sequé un poco y, tras de cerciorarme que ningún bicho estaba escondido entre los pliegues de mi ropa, me vestí y calcé. Bajé saltando la escalera pintada de verde. En la puerta del mesón tropecé con el dueño, sujeto tuerto y reticente. Sentado en una sillita de tule, fumaba con el ojo entrecerrado. Con voz ronca me preguntó:

— ¿Ónde va, señor?

— A dar una vuelta. Hace mucho calor.

— Hum, todo está ya cerrado. Y no hay alumbrado aquí. Más le valiera quedarse.

Alcé los hombros, musité «ahora vuelvo» y me metí en lo oscuro. [...]. Caminé a tientas por la calle empedrada. Encendí un cigarrillo. De pronto salió la luna de una nube negra, iluminando un muro blanco, desmoronado a trechos. Me detuve, ciego ante tanta blancura. Sopló un poco de viento. Respiré el aire de los tamarindos. Vibraba la noche, llena de hojas e insectos. Los grillos vivaqueaban entre las hierbas altas. Alcé la cara: arriba también habían establecido campamento las estrellas. Pensé que el universo era un vasto sistema de señales, una conversación entre seres inmensos. Mis actos, el serrucho del grillo, el parpadeo de la estrella, no eran sino pausas y sílabas, frases dispersas de aquel diálogo. ¿Cuál sería esa palabra de la cual yo era una sílaba? ¿Quién dice esa palabra y a quién se la dice? Tiré el cigarrillo sobre la banqueta. Al caer, describió una curva luminosa, arrojando breves chispas, como un cometa minúsculo.

Caminé largo rato, despacio. Me sentía libre, seguro entre los labios que en ese momento me pronunciaban con tanta felicidad. La noche era un jardín de ojos. Al cruzar una calle, sentí que alguien se desprendía de una puerta. Me volví, pero no acerté a distinguir nada. Apreté el paso. Unos instantes después percibí el apagado rumor de unos huaraches sobre las piedras calientes. No quise volverme, aunque sentía que la sombra se acercaba cada vez más. Intenté correr. No pude. Me detuve en seco, bruscamente. Antes de que pudiese defenderme, sentí la punta de un cuchillo en mi espalda y una voz dulce:

— No se mueva, señor, o se lo entierro.

Sin volver la cara, pregunté:

— ¿Qué quieres?

— Sus ojos, señor —contestó la voz suave, casi apenada.

— ¿Mis ojos? ¿Para qué te servirán mis ojos? Mira, aquí tengo un poco de dinero. No es mucho, pero es algo. Te daré todo lo que tengo, si me dejas. No vayas a matarme.

— No tenga miedo, señor. No lo mataré. Nada más voy a sacarle los ojos.

Volví a preguntar:

— Pero, ¿Para qué quieres mis ojos?

— Es un capricho de mi novia. Quiere un ramito de ojos azules. Y por aquí hay pocos que los tengan.

— Mis ojos no te sirven. No son azules, sino amarillos.

— Ay, señor, no quiera engañarme. Bien sé que los tiene azules.

— No se le sacan a un cristiano los ojos así. Te daré otra cosa.

— No se haga el remilgoso, me dijo con dureza. Dé la vuelta.

Me volví. Era pequeño y frágil. El sombrero de palma le cubría medio rostro. Sostenía con el brazo derecho un machete de campo, que brillaba con la luz de la luna.

— Alúmbrese la cara. Encendí y me acerqué la llama al rostro. El resplandor me hizo entrecerrar los ojos. Él apartó mis párpados con mano firme. No podía ver bien. Se alzó sobre las puntas de los pies y me contempló intensamente. [...].

— ¿Ya te convenciste? No los tengo azules.

— Ah, qué mañoso es usted —respondió. A ver, encienda otra vez.

Froté otro fósforo y lo acerqué a mis ojos. Tirándome de la manga, me ordenó:

— Arrodíllese.

Me hinqué. Con una mano me cogió por los cabellos, echándome la cabeza hacia atrás. Se inclinó sobre mí, curioso y tenso, mientras el machete descendía lentamente hasta rozar mis párpados. Cerré los ojos.

— Ábralos bien —ordenó.

Abrí los ojos. La llamita me quemaba las pestañas. Me soltó de improviso.

— Pues no son azules, señor. Dispense.

Y desapareció. Me acodé junto al muro, con la cabeza entre las manos. Luego me incorporé. A tropezones, cayendo y levantándome, corrí durante una hora por el pueblo desierto. Cuando llegué a la plaza, vi al dueño del mesón, sentado aún frente a la puerta. Entré sin decir palabra. Al día siguiente huí de aquel pueblo.

En torno al texto

— Analiza la estructura del relato: partes y efectos que éstas logran, diferencias formales entre ellas, etc.

Virgilio Piñera nació en Cárdenas, Cuba, en 1912 y murió en 1979. Novelista, autor dramático y cuentista, uno de los escritores más conocidos de Cuba. En 1946 se trasladó a Buenos Aires donde vivió hasta 1958.

EL VIAJE

Tengo cuarenta años. A esta edad, cualquier resolución que se tome es válida. He decidido viajar sin descanso hasta que la muerte me llame. No saldré del país, esto no tendría objeto. Tenemos una buena carretera, con varios cientos de kilómetros. El paisaje, a uno y otro lado del camino, es encantador. Como las distancias entre ciudades y pueblos son relativamente cortas, no me veré precisado a pernoctar en el camino. Quiero aclarar esto: el mío no va a ser un viaje precipitado. Yo quiero disponer todo de manera que pueda bajar en cierto punto del camino para comer y hacer las demás necesidades humanas. Como tengo mucho dinero, todo marchará sobre ruedas...

A propósito de ruedas, voy a hacer este viaje en un cochecito de niños. Lo empujará una niñera. Calculando que una niñera pasea a su crío por el parque unas veinte cuadras sin mostrar señales de agotamiento, he apostado en una carretera, que tiene mil kilómetros, a mil niñeras, calculando de veinte cuadras de cincuenta metros cada una, hacen un kilómetro. Cada una de estas niñeras, no vestidas de niñeras sino de chóferes, empuja el cochecito a una velocidad moderada. Cuando se cumplan sus mil metros, entrega el coche a la niñera apostada en los próximos mil metros, me saluda con respeto y se aleja. Al principio, la gente se agolpaba en la carretera para verme pasar. He tenido que escuchar toda clase de comentarios. Pero ahora (hace ya sus buenos cinco años que ruedo por el camino) ya no se ocupan de mí: he acabado por ser, como el sol para los salvajes, un fenómeno natural... Como me encanta el violín, he comprado otro cochecito en el que toma asiento el célebre violinista X; me deleita con sus melodías sublimes. Cuando esto ocurre, escalono en la carretera a diez niñeras encargadas de empujar el cochecito del violinista. Sólo diez niñeras, pues no resisto más de diez kilómetros de música. Por lo demás, todo marcha sobre ruedas. Es verdad que a veces la estabilidad de mi cochecito es amenazada por enormes camiones que pasan como centellas y hasta en cierta ocasión a la niñera de turno la dejó semidesnuda una corriente de aire. Pequeños incidentes que en nada alteran la decisión de la marcha vitalicia. Este viaje me ha demostrado cuán equivocado estaba yo al esperar algo de la vida. Este viaje es una revelación. Al mismo tiempo me he enterado de que no era yo el único a quien se revelaban tales cosas. Ayer, al pasar por uno de los tantos puentes situados en la carretera, he visto al famoso banquero Pepe sentado sobre una cazuela que giraba lentamente impulsada por una cocinera. En la próxima bajada me han dicho que Pepe, a semejanza mía, ha decidido pasar el resto de sus días viajando circularmente. Para ello ha contratado los servicios de cientos de cocineras, que se relevan cada media hora, teniendo en cuenta que una cocinera puede revolver sin fatigarse, un guiso durante ese lapso. El azar ha querido que siempre, en el momento de pasar yo en mi cochecito, Pepe, girando en su cazuela, me dé la cara, lo cual nos obliga a un saludo ceremonioso. Nuestras caras reflejan una evidente felicidad.

En torno al texto

— Escribe una narración surrealista como ésta. Piensa, por ejemplo, en una fotografía o un cuadro, un teléfono, etc. Dales un uso que no es el suyo y deja correr tu imaginación.

FIN DEL MUNDO DEL FIN

Como los escribas continuarán, los pocos lectores que en el mundo había van a cambiar de oficio y se pondrán también de escribas. Cada vez más los países serán de escribas y de fábricas de papel y tinta, los escribas de día y las máquinas de noche para imprimir el trabajo de los escribas. Primero las bibliotecas desbordarán las casas; entonces las municipalidades deciden (ya estamos en la cosa) sacrificar los terrenos de juegos infantiles para ampliar las bibliotecas. Después ceden los teatros, las maternidades, los mataderos, las cantinas, los hospitales. Los pobres aprovechan los libros como ladrillos, los pegan con cemento y hacen paredes de libros y viven en cabañas de libros. Entonces pasa que los libros rebasan las ciudades y entran en los campos, van aplastando los trigales y los campos de girasol, apenas si la dirección de vialidad consigue que las rutas queden despejadas entre dos altísimas paredes de libros. A veces una pared cede y hay espantosas catástrofes automovilísticas. Los escribas trabajan sin tregua porque la humanidad respeta las vocaciones y los impresos llegan ya a orillas del mar. El presidente [...] y propone inteligentemente precipitar al mar el sobrante de libros, lo cual se cumple al mismo tiempo en todas las costas del mundo. Así los escribas siberianos ven sus impresos precipitados al mar glacial, y los escribas indonesios, etcétera. Esto permite a los escribas aumentar su producción, porque en la tierra vuelve a haber espacio para almacenar sus libros. No piensan que el mar tiene fondo y que en el fondo del mar empiezan a amontonarse los impresos, primero en forma de pasta aglutinante, después en forma de pasta consolidante, y por fin como un piso resistente, aunque viscoso, que sube diariamente algunos metros y que terminará por llegar a la superficie. Entonces muchas aguas invaden muchas tierras, se produce una nueva distribución de continentes y océanos, y presidentes de diversas repúblicas son sustituidos por lagos y penínsulas, presidentes de otras repúblicas ven abrirse inmensos territorios a sus ambiciones, etcétera. El agua marina, puesta con tanta violencia a expandirse, se evapora más que antes, o busca reposo mezclándose con los impresos para formar la pasta aglutinante, al punto que un día los capitanes de los barcos de las grandes rutas advierten que los barcos avanzan lentamente, de treinta nudos bajan a veinte, a quince, y los motores jadean y las hélices se deforman. Por fin todos los barcos se detienen en distintos puntos de los mares, atrapados por la pasta, y los escribas del mundo entero escriben millares de impresos explicando el fenómeno y llenos de una gran alegría. Los presidentes y los capitanes deciden convertir los barcos en islas y casinos, el público va a pie sobre los mares de cartón a las islas y casinos, donde orquestas típicas y características amenizan el ambiente climatizado y se baila hasta avanzadas horas de la madrugada. [...].

Los escribas comprenden que las fábricas de papel y tinta van a quebrar, y escriben con letra cada vez más menuda, aprovechando hasta los rincones más imperceptibles de cada papel. Cuando se termina la tinta escriben con lápiz, etcétera; al terminarse el papel escriben en tablas y baldosas, etcétera. Empieza a difundirse la costumbre de intercalar un texto en otro para aprovechar las entrelíneas, o se borra con hojas de afeitar las letras impresas para usar de nuevo el papel. Los escribas trabajan lentamente, pero su número es tan inmenso que los impresos separan ya por completo las tierras de los lechos de los antiguos mares. En la tierra vive precariamente la raza de los escribas, condenada a extinguirse, y en el mar están las islas y los casinos, o sea los transatlánticos, donde se han refugiado los presidentes de las repúblicas y donde se celebran grandes fiestas y se cambian mensajes de isla a isla, de presidente a presidente y de capitán a capitán.

En torno al texto

— Ya existía en literatura la amenaza de un mundo sin libros — "Fahrenheit 451", de Ray Bradbury—, ahora Cortázar nos propone lo contrario. Lee de nuevo despacio el relato buscando cada uno de los escalones que el escritor nos hace subir en el clímax del relato.

Silvina Ocampo nació en Buenos Aires en 1909. Escribió poesía, cuento y novela. Colaboró en varias obras con Jorge Luis Borges y su marido Bloy Casares.

LA SOGA

A Antoñito López le gustaban los juegos peligrosos: subir por la escalera de mano del tanque de agua, tirarse por el tragaluz del techo de la casa, encender papeles en la chimenea. Esos juegos lo entretuvieron hasta que descubrió la soga, la soga vieja que servía otrora para atar los baúles, para subir los baldes del fondo del aljibe y, en definitiva, para cualquier cosa; sí, los juegos lo entretuvieron hasta que la soga cayó en sus manos. [...].

Primeramente hizo una hamaca, colgada de un árbol, después un arnés para caballo, después una liana para bajar de los árboles, después un salvavidas, después una horca para los reos, después un pasamanos, finalmente una serpiente. Tirándola con fuerza hacia delante, la soga se retorcía y se volvía con la cabeza hacia atrás, con ímpetu, como dispuesta a morder. A veces subía detrás de Toñito las escaleras, trepaba a los árboles, se acurrucaba en los bancos. Toñito siempre tenía cuidado de evitar que la soga lo tocara; era parte del juego. Yo lo vi llamar a la soga, como quien llama a un perro, y la soga se le acercaba, a regañadientes, al principio, luego, poco a poco, obedientemente. Con tanta maestría Antoñito lanzaba la soga y le daba aquel movimiento de serpiente maligna y retorcida, que los dos hubieran podido trabajar en un circo. Nadie le decía: «Toñito, no juegues con la soga».

La soga parecía tranquila cuando dormía sobre la mesa o en

el suelo. Nadie la hubiera creído capaz de ahorcar a nadie. Con el tiempo se volvió más flexible y oscura, casi verde y, por último, un poco viscosa y desagradable, en mi opinión. El gato no se le acercaba y a veces, por las mañanas, entre sus nudos, se demoraban sapos extasiados. Habitualmente, Toñito la acariciaba antes de echarla al aire; como los discóbolos o lanzadores de jabalinas, ya no necesitaba prestar atención a sus movimientos: sola, se hubiera dicho, la soga saltaba de sus manos para lanzarse hacia adelante, para retorcerse mejor.[...].

A la soga ya le había salido una lengüita, en el sitio de la cabeza, que era algo aplastada, con barba; su cola, deshilachada, parecía de dragón.

Toñito quiso ahorcar un gato con la soga. La soga se rehusó. Era buena.

¿Una soga, de qué se alimenta? ¡Hay tantas en el mundo! En los barcos, en las casas, en las tiendas, en los museos, en todas partes... Toñito decidió que era herbívora; le dio pasto y le dio agua.

La bautizó con el nombre de Prímula. Cuando lanzaba la soga, a cada movimiento, decía: «Prímula, vamos. Prímula». Y Prímula obedecía.

Toñito tomó la costumbre de dormir con Prímula en la cama, con la precaución de colocarle la cabecita sobre la almohada y la cola bien abajo, entre las cobijas.

Una tarde de diciembre, el sol, como una bola de fuego, brillaba en el horizonte, de modo que todo el mundo lo miraba comparándolo con la luna, hasta el mismo Toñito, cuando lanzaba la soga. Aquella vez la soga volvió hacia atrás con la energía de siempre y Toñito no retrocedió. La cabeza de Prímula le golpeó en el pecho y le clavó la lengua a través de la blusa.

Así murió Toñito. Yo lo vi, tendido, con los ojos abiertos.

La soga, con el flequillo despeinado, enroscada junto a él, lo velaba.

En torno al texto

— *Hazte soga y cuenta la historia desde su punto de vista.*

ENCUENTRO

Al llegar a mi casa, y precisamente en el momento de abrir la puerta, me vi salir. Intrigado, decidí seguirme. El desconocido —escribo con reflexión esta palabra— descendió las escaleras del edificio, cruzó la puerta y salió a la calle. Quise alcanzarlo, pero él apresuraba su marcha exactamente con el mismo ritmo con que yo aceleraba la mía, de modo que la distancia que nos separaba permanecía inalterable. Al rato de andar se detuvo ante un pequeño bar y atravesó su puerta roja. Unos segundos después yo estaba en la barra del mostrador, a su lado. Pedí una bebida cualquiera mientras examinaba de reojo las hileras de botellas en el aparador, el espejo, la alfombra raída, las mesitas amarillas, una pareja que conversaba en voz baja. De pronto me volví y le miré larga, fijamente. Él enrojeció, turbado. Mientras lo veía, pensaba (con la certeza de que él oía mis pensamientos): «No, no tiene derecho. Ha llegado un poco tarde. Yo estaba antes que usted. Y no hay la excusa del parecido, pues no se trata de semejanza, sino de sustitución. Pero prefiero que usted mismo se explique...».

Él sonreía débilmente. Parecía no comprender. Se puso a conversar con su vecino. Dominé mi cólera y, tocando levemente su hombro, lo interpelé:

— No pretenda ningunearme. No se haga el tonto.

— Le ruego que me perdone, señor, pero no creo conocerlo.

Quise aprovechar su desconcierto y arrancarle de una vez la máscara:

— Sea hombre, amigo. Sea responsable de sus actos. Le voy a enseñar a no meterse donde nadie lo llama...

Con un gesto brusco me interrumpió:

— Usted se equivoca. No sé qué quiere decirme.

Terció un parroquiano.

— Ha de ser un error. Y además, esas no son maneras de tratar a la gente. Conozco al señor y es incapaz...

Él sonreía, satisfecho. Se atrevió a darme una palmada:

— Es curioso, pero me parece haberlo visto antes. Y sin embargo no podría decir dónde.

Empezó a preguntarme por mi infancia, por mi estado natal y otros detalles de mi vida. No, nada de lo que le contaba parecía recordarle quién era yo. Tuve que sonreír. Todos lo encontraban simpático. Tomamos algunas copas. Él me miraba con benevolencia.

— Usted es forastero, señor, no lo niegue. Pero yo voy a tomarlo bajo mi protección. ¡Ya le enseñaré lo que es México, Distrito Federal!

Su calma me exasperaba. Casi con lágrimas en los ojos, sacudiéndolo por la solapa, le grité:

— ¿De veras no me conoces? ¿No sabes quién soy?

Me empujó con violencia:

— No me venga con cuentos estúpidos. Deje de fregarnos y buscar camorra.

Todos me miraban con disgusto. Me levanté y les dije:

— Voy a explicarles la situación. Este señor los engaña, este señor es un impostor...

— Y usted es un imbécil y un desequilibrado —gritó.

Me lancé contra él. Desgraciadamente, resbalé. Mientras procuraba apoyarme en el mostrador, él me destrozó la cara a puñetazos. Me pegaba con saña reconcentrada, sin hablar. [...].

Nos separaron. Me cogieron en vilo y me arrojaron al arroyo:

— Si se le ocurre volver, llamaremos a la policía.

Tenía el traje roto, la boca hinchada, la lengua seca. [...].

El cuerpo me dolía. Durante un rato me quedé inmóvil, acechando. Busqué una piedra, algún arma. No encontré nada. Adentro reían y cantaban. Salió la pareja; la mujer me vio con descaro y se echó a reír. Me sentí solo, expulsado del mundo de los hombres. A la rabia sucedió la vergüenza. No, lo mejor era volver a casa y esperar otra ocasión. Eché a andar lentamente. En el camino, tuve esta duda que todavía me desvela: ¿y si no fuera él, sino yo...?

En torno al texto

— *Octavio Paz nos pone en contacto con el tema del doble y de la propia identidad no reconocida. ¿Con qué elementos o en qué frases te parece que el autor ha logrado la fuerza expresiva en este relato?*

LA CASA DE ASTERIÓN

Sé que me acusan de soberbia, y tal vez de misantropía, y tal vez de locura. Tales acusaciones (que yo castigaré a su debido tiempo) son irrisorias. Es verdad que no salgo de mi casa, pero también es verdad que sus puertas (cuyo número es infinito) están abiertas día y noche a los hombres y también a los animales. Que entre el que quiera. No hallará pompas mujeriles aquí ni el bizarro aparato de los palacios pero sí la quietud y la soledad. Asimismo hallará una casa como no hay otra en la faz de la tierra. (Mienten los que declaran que en Egipto hay una parecida.) Hasta mis detractores admiten que no hay un solo mueble en la casa. Otra especie ridícula es que yo, Asterión, soy un prisionero. ¿Repetiré que no hay una puerta cerrada, añadiré que no hay una cerradura? Por lo demás, algún atardecer he pisado la calle; si antes de la noche volví, lo hice por el temor que me infundieron las caras de la plebe, caras descoloridas y aplanadas, como la mano abierta. Ya se había puesto el sol, pero el desvalido llanto de un niño y las toscas plegarias de la grey dijeron que me habían reconocido. La gente oraba, huía, se prosternaba; unos se encaramaban al estilóbato del templo de las Hachas, otros juntaban piedras. Alguno, creo, se ocultó bajo el mar. No en vano fue una reina mi madre; no puedo confundirme con el vulgo, aunque mi modestia lo quiera.

El hecho es que soy único. No me interesa lo que un hombre pueda trasmitir a otros hombres; como el filósofo, pienso que nada es comunicable por el arte de la escritura. Las enojosas y triviales minucias no tienen cabida en mi espíritu, que está capacitado para lo grande; jamás he retenido la diferencia entre una letra y otra. Cierta impaciencia generosa no ha consentido que yo aprendiera a leer. A veces lo deploro, porque las noches y los días son largos.

Claro que no me faltan distracciones. Semejante al carnero que va a embestir, corro por las galerías de piedra hasta rodar al suelo, mareado. Me agazapo a la sombra de un aljibe o a la vuelta de un corredor y juego a que me buscan. Hay azoteas desde las que me dejo caer, hasta ensangrentarme. A cualquier hora puedo jugar a estar dormido, con los ojos cerrados y la respiración poderosa (A veces me duermo realmente, a veces ha cambiado el color del día cuando he abierto los ojos). Pero de tantos juegos el que prefiero es el de otro Asterión. Finjo que viene a visitarme y que yo le muestro la casa. [...].

No sólo he imaginado esos juegos; también he meditado sobre la casa. Todas las partes de la casa están muchas veces, cualquier lugar es otro lugar. No hay un aljibe, un patio, un abrevadero, un pesebre; son catorce (son infinitos) los pesebres, abrevaderos, patios, aljibes. La casa es del tamaño del mundo; mejor dicho, es el mundo. Sin embargo, a fuerza de fatigar patios con un aljibe y polvorientas galerías de piedra gris he alcanzado la calle y he visto el templo de las Hachas y el mar. Eso no lo entendí hasta que una visión de la noche me reveló que también son catorce (son infinitos) los mares y los templos. Todo está muchas veces, catorce veces, pero dos cosas hay en el mundo que parecen estar una sola vez: arriba, el intrincado sol; abajo, Asterión. Quizá yo he creado las estrellas y el sol y la enorme casa, pero ya no me acuerdo.

Cada nueve años entran en la casa nueve hombres para que yo los libere de todo mal. Oigo sus pasos o su voz en el fondo de las galerías de piedra y corro alegremente a buscarlos. La ceremonia dura pocos minutos. Uno tras otro caen sin que yo me ensangriente las manos. Donde cayeron, quedan, y los cadáveres ayudan a distinguir una galería de las otras. Ignoro quiénes son, pero sé que uno de ellos profetizó, en la hora de su muerte, que alguna vez llegaría mi redentor. Desde entonces no me duele la soledad, porque sé que vive mi redentor y al fin se levantará sobre el polvo. Si mi oído alcanzara todos los rumores del mundo, yo percibiría sus pasos. Ojalá me lleve a un lugar con menos galerías y menos puertas. ¿Cómo será mi redentor?, me pregunto. ¿Será un toro o un hombre? ¿Será tal vez un toro con cara de hombre? ¿O será como yo?

El sol de la mañana reverberó en la espada de bronce. Ya no quedaba ni un vestigio de sangre.

— ¿Lo creerás, Ariadna? —dijo Teseo—. El minotauro apenas se defendió.

En torno al texto

— *Quizá conoces la famosa leyenda del fantástico ser llamado Minotauro y el laberinto de Creta, o puedes informarte sobre ella. Compara los datos del mito clásico y de la versión que nos da Borges.*

CONTINUIDAD DE LOS PARQUES

Había empezado a leer la novela unos días antes. La abandonó por negocios urgentes, volvió a abrirla cuando regresaba en tren a la finca; se dejaba interesar lentamente por la trama, por el dibujo de los personajes. Esa tarde [...] volvió al libro en la tranquilidad del estudio que miraba hacia el parque de los robles. Arrellanado en su sillón favorito, de espaldas a la puerta que lo hubiera molestado como una irritante posibilidad de intrusiones, dejó que su mano izquierda acariciara una y otra vez el terciopelo verde y se puso a leer los últimos capítulos. Su memoria retenía sin esfuerzos los nombres y las imágenes de los protagonistas; la ilusión novelesca lo ganó casi en seguida. Gozaba del placer casi perverso de irse desgajando línea a línea de lo que lo rodeaba, y sentir a la vez que su cabeza descansaba cómodamente en el terciopelo del alto respaldo, que los cigarrillos seguían al alcance de la mano, que más allá de los ventanales danzaba el aire del atardecer bajo los robles. Palabra a palabra, absorbido por la sórdida disyuntiva de los héroes, dejándose ir hacia las imágenes que se concertaban y adquirían color y movimiento, fue testigo del último encuentro en la cabaña del monte. Primero entraba la mujer, recelosa; ahora llegaba el amante, lastimada la cara por el chicotazo de una rama. Admirablemente restañaba ella la sangre con sus besos, pero él rechazaba las caricias, no había venido para repetir las ceremonias de una pasión secreta, protegida por un mundo de hojas secas y senderos furtivos. El puñal se entibiaba contra su pecho, y debajo latía la libertad agazapada. Un diálogo anhelante corría por las páginas como un arroyo de serpientes, y se sentía que todo estaba decidido desde siempre. Hasta esas caricias que enredaban el cuerpo del amante como queriendo retenerlo y disuadirlo, dibujaban abominablemente la figura de otro cuerpo que era necesario destruir. Nada había sido olvidado: coartadas, azares, posibles errores. A partir de esa hora cada instante tenía su empleo minuciosamente atribuido. El doble repaso despiadado se interrumpía apenas para que una mano acariciara una mejilla. Empezaba a anochecer.

Sin mirarse ya, atados rígidamente a la tarea que los esperaba, se separaron en la puerta de la cabaña. Ella debía seguir por la senda que iba al norte. Desde la senda opuesta él se volvió un instante para verla correr con el pelo suelto. Corrió a su vez, parapetándose en los árboles y los setos, hasta distinguir en la bruma malva del crepúsculo la alameda que llevaba a la casa. Los perros no debían ladrar, y no ladraron. El mayordomo no estaría a esa hora, y no estaba. Subió los tres peldaños del porche y entró. Desde la sangre galopando en sus oídos le llegaban las palabras de la mujer: primero una sala azul, después una galería, una escalera alfombrada. En lo alto, dos puertas. Nadie en la primera habitación, nadie en la segunda. La puerta del salón, y entonces el puñal en la mano, la luz de los ventanales, el alto respaldo de un sillón de terciopelo verde, la cabeza del hombre en el sillón leyendo una novela.

En torno al texto

Cortázar nos borra magistralmente las líneas que separan la fantasía de la realidad. ¿En qué momento te has dado cuenta de ello? Fíjate en la estructura y escribe un nuevo fragmento ¿de cuál de los dos lados?